ぼくらのイタリア旅行記Ⅱ

12日間の奇跡　フィレンツェ・ヴェネツィア編

中津 克己
Katsuki Nakatsu

文芸社

ぼくらのイタリア旅行記Ⅱ　目次

十二日間の奇跡

三十八歳の夏からぼくの仕事内容は大きく変わることになり、今回、そのインターバルとして十六日間もの長期休暇が取れる段取りとなった。これはもう奇跡としか言いようがない。早速妻と調整を図り、「ゆったり旅するイタリアを巡る十二日間」というツアーに申し込んだ。それは、出発のわずか二週間前のことだった。

旅行の準備は不十分だったが、ぼくらはこの「奇跡」を活かすべく世界史の教科書を片手にイタリアへ飛び出した。旅先では新婚旅行と間違えられた。当人達はまんざらでもなかったが、これはバカンスのない日本社会の悲しい現実を物語っている。

旅行そのものは、実に素晴らしいものになった。それには、ツアーで一緒になった人間味溢れる他の四組の夫婦の存在がとても大きく関わっている。

まずは大阪から同行となった六十歳代の西条夫妻。旦那さんは一見鉄工所の社長のような風貌。だが、話してみると愛嬌があり、でっぷりと出たお腹はイタリアの街に実にマッチしていた。そして、ずっとメンバー中のムードメーカーであり続けてくれた。彼は奥さんの介護役で来たと標榜していたが、自身にも喘息や心臓の持病があり、ホテルで休んでいることも多かった。帰国後大きな手術を控えているという当の奥さんは、終始しんどそうではあったが、知的好奇心はとても旺盛である。

横浜から参加した嵐山夫妻は、五十歳代半ば。ご主人は額が後退しているが精悍な体格で、リーダーシップを随所で発揮して五組の夫婦をまとめてくれる。奥さんも背が高く、快活ですごく陽気である。

後は新婚が二組だ。その一組目は、ぼくらよりは少し歳下のお見合いカップルの大原夫妻。群馬と徳島の出身で、帰国後は埼玉に住むという。ご主人は百八十五センチの長身で、端正な顔立ちの紳士風。アルコールは殆ど飲めなかったのだが、ツアーメンバー達に触発され、短期間でかなり強くなった。奥さんは物静かで、グラマラスな美人である。

もう一組は、二十代半ばの森田夫妻。こちらは恋愛結婚で名古屋からの参加。ご主人は、誰もが知っているサッカー選手に酷似。旅の前半はそれで結構話が盛り上がっていた。若いのに酒豪である。奥さんは栗色の髪の毛が魅力的で、一行の中では最も華やかな存在だった。

かくいうぼくは、文化的趣向は高いのだが、典型的な日本のサラリーマンで、日常の仕事からなかなか抜け出せないタイプである。妻の光子は、超楽観主義者で、何事にも前向きである。彼女の趣味は画を描くことで、全国展にも出展している。

どの組も男性がわりと積極的で、生活臭があまり感じられなかった。こういうツアーでは年長者が社会的地位を持ち出すこともままあるが、そういうことも全くなく、本当に良識的なメンバーであったと思う。これもまた、奇跡だったかも知れない。

これに、ツアーコンダクターの林さんが日本から同行した。彼女は三十歳前後で、とても華奢である。すごく融通が利くというタイプではなかったが、熱意や真摯さは伝わってくる。芯も強い。目を瞬くのが癖で、それが睫毛を長く見せている。

ぼくらは初夏六月のローマに四連泊し、すっかりその魅力の虜となっていた。ツアー五日目の早朝、後ろ髪を引かれる思いでローマを発った。午前中はアッシジの街を見学し、第二のキリストと言われた清貧の聖フランチェスコに、メンバー一同心を洗われた。その後、丘の上のレストランの庭で、これぞイタリアという午餐を堪能した（『ぼくらのイタリア旅行記　12日間の奇跡・ローマ編』参照）。

ツアー五日目の午後、バスはそこから次の目的地フィレンツェへと向かう。

フィレンツェ到着

バスの車窓には、オリーブ畑、葡萄畑、小麦畑というウンブリア州の長閑《のどか》な田園風景がさっきからずっと続いている。小麦畑は、収穫間近な狐色の穂がたなびくものと、穂先がぴんと伸びた青々としたものとが交互に現れる。そんな中を、良く整備された高速道路が気持ち良く伸びている。

前方に、青々とした水を湛えたトラシメーノ湖が見えてきた。その昔、古代ローマ軍は、この湖の畔でカルタゴの名将ハンニバルに苦杯を舐めさせられたのだった。

ここを過ぎると、トスカーナ州に入る。その途端、一面のひまわり畑が出現した。昼食のワインですっかり寝込んでいた人達を、慌《あわ》てて揺り起こす。花はまだ小振りで、背丈も低い。だが、目の届く限り、緑と黄のツートンカラーの絨毯《じゅうたん》がずっと続いている。もっと大きく育てば、映画「ひまわり」のように人も隠れるくらいの高さになるのだろう。

トスカーナに入っても、田園風景は変わらない。だが、丘の中腹にしがみつくように点在する集落の屋根の赤色が、心持ち多くなったような気がする。

バスは、途中から高速道路1号線（ミラノからナポリまで七百六十キロを貫いているイタリアの大動脈）に入り、フィレンツェには五時頃に到着した。五時といっても、サマータイムも施行されており、日本でいえばまだ三時頃の感覚である。

フィレンツェは、ローマに比べるとこじんまりして、のんびりしていた。なにより、道路が空いている。そのせいもあってか現代都市の喧騒はなく、街並みは落ち着いた古都のたたずまいだった。

ホテル・ヴィラ・メディチ

バスは、ホテルへ直行した。フィレンツェ滞在時のホテルは、ヴィラ・メディチである。さすがは五つ星。素晴らしいホテルだ。建物自体は玄関も狭いし、そんなに豪奢な造りではない。しかし、ロビーや廊下に置いてある家具や調度品が、いかにも重厚で格調がある。

客室はローマと違ってものすごく広く、天井も高い。その高さは、人の背丈の倍以上あるので、四メートルくらいはあるだろう。天井が高過ぎると、最初は落ち着かないものだが、慣れてくると広々とした空間は本当に気持ちが良い。また、床はふかふかの絨毯で、これもなんとも心地よい。

寝室には、セミダブルといってよい大きさのベッドが二つどんと並んでいる。壁の片側は、全面が高さ三メートルくらいのクローゼットになっている。おそらく、わが家の洋服箪笥全部よりも広いだろう。

反対側の壁には、バルビゾン派風の風景画が架けられている。百号くらいはあると思われる。百号といえば、日本ならどこに置いても邪魔になる代物である。それがとても小さく見える。画の前には、黒木のシックな机と椅子が置いてあって、木の香りがプーンと漂ってくる。

窓際には別の丸机があり、その両横にはゆったりした肘掛椅子が置かれている。机にしろ、椅子にしろ、枕元のスタンドから壁の照明器具に至るまで、調度品はみんなアンティークなデザインである。

広くて大きな窓からは青々と葉の茂った木々が見え、木漏れ日が射し込んでくる(部屋は、日本風にいえば三階だった)。窓の端は、大きな一枚ガラスの扉になってい て、開けると気持ち良い微風が流れ込んできた。バルコニーにも白い丸テーブルと椅子が二脚置いてあり、いかにもゆっくり寛《くつろ》げそうである。

バルコニーからは、木々の枝葉越しに中庭が見下ろせた。そこにはプールがあって、その周りにはよく手入れされた芝生が広がっている。テーブルでは、数人の宿泊客がのんびりとお茶を楽しんでいた。まさにバカンスといった風情である。

浴室も広く、六畳くらいは優にあるだろう。洗面台やトイレ、浴槽などは、寝室の調度品とは違って、ユニット式の最新式のものが使用されていた。バスタオルやローブは、白木風の落ち着いた棚に収納してある。

コンダクターの林さんの部屋がすぐ近くだったので、彼女のリクエストに応じて、ぼくらの部屋を披露することになった。彼女は何度かこのホテルに泊まってはいるが、二人用の客室を見るのは初めてだという。彼女は部屋に入るなり目を見張った。

「こんなに素敵なんですか。広いし、天井は高いし、明るいし、家具も立派でゆっくりできますね。私の部屋とは、月とすっぽんです」

彼女の部屋も見せてもらう。なるほど狭い。中扉はあるが、全部含めてぼくらの浴室ほどしかない。これではスーツケースはベッドの上でしか開けられないだろう。小さな窓があったが、そこから覗《のぞ》いてもどこかの棟のコンクリートの屋上が見えるだけだった。彼女によると、四つ星でも五つ星でも、ヨーロピアンスタイルのホテルの一人部屋はみんなこんな感じだそうだ。ヨーロッパでは、行動の基本単位があくまでもカップルだからである。

ただ、ヴィラ・メディチには二人部屋でも日本のビジネスホテル並み、あるいはそれより狭い部屋もたくさんあるという。それは大人数のツアー用で、値段が安いのに「ヴィラ・メディチ宿泊」と謳っているのは、そういう部屋に泊まるわけである。

ぼくらは、フロントで「くれぐれもエレベーターを間違えないように」と言われていたのだが、別のエレベーターに乗ると、そういう狭い部屋ばかりある棟に行くらしい。そんな話を聞くと、自分達がなんだか身分不相応な贅沢三昧をしているような気がしてならなかった。

ヴィラ・メディチのレストラン

昼食がボリュームたっぷりだったので、この日の夕食は少し軽めにアレンジしてもらうことになった。とはいえスパゲティも出たし、どこが軽めになっていたのかはよくわからない。

フィレンツェ名物のクロスティーニは、なかなか乙な味である。これは、鶏のレバーを潰したものをハーブやスパイスなどと一緒に赤ワインで煮込んで、薄いパンの上にペースト状に塗ったものである。レバーの臭みは殆ど消えており、少しだけ残っている粒々が歯応えを心地よくしている。

それを森田夫人が「おいしい、おいしい」とご満悦な表情で食べていたのだが、その横でサッカー選手似の夫の方は、先程からくっくっと笑いを噛み殺している。

「どうしたんですか」とみんなが尋ねると、彼はもう我慢できないといった調子で、「これ、鶏の肝ですよね」と大笑いした。それを聞いた奥さんが、えーっと絶句する。奥さんは好き嫌いは殆どないのだが、鶏の肝だけは見るのも嫌というくらい駄目なのだそうである。彼女は涙目になって、まだ笑いが止まらない夫を睨んでいる。

白インゲンのニンニク煮込みは、とても素朴な味だった。「豆食いのトスカーナ人」

と言われるほど、この地方の人は豆料理が好きなのだそうだ。

デザートはズコットだった。これはナッツやアーモンドの入った生クリームを凍らせ、そのまわりをリキュールの染み込んだスポンジケーキで覆ったお菓子である。メディチ家のために考案されたものだそうだが、まあアイスクリームみたいなもので、その当時としては相当画期的だったに違いない。かなり甘いのだが、ワインに意外によく合う。女性陣などは、これがメインディッシュという趣だった。その頃には、森田夫人の機嫌もすっかり直っていた。

レストランの雰囲気は大変良かった。大きなシャンデリアに、エンジ色のふかふかのカーペット。それと同色系の椅子。テーブルには深いローズピンクの卓布が掛けられている。壁には、客室のものよりもっと大きな風景画が何点も架かっていた。

レストランではスニーカーなどは遠慮するように言われており、みんな正装に近い格好で食卓に臨んでいた。たまにはこういう食事もいいものである。

食後、ホテルの近くを少しぶらぶらしてみた。ホテルは旧市街の西の端に位置しており、すぐ近くに城壁の名残の門だけが残っている。門には、百合と丸薬をあしらったメディチ家の紋章が彫ってある。周囲には、高さの統一された赤レンガ屋根の建物が疎《まば》らに建っていた。

少し南の方へ歩くと、街を南北に二分するアルノ川に出た。川面に黄昏《たそがれ》の帳《とばり》が忍び寄ってくる時分（時計はようやく九時を回った頃）で、対岸に行儀よく並んでいる石造りの建物も、だんだん薄闇に包まれてきた。それと反比例するかのように、堤防沿いに等間隔に並んだガス燈の明るさが徐々に増していく。

川沿いの道は、人通りも車も少ない。川を伝わってくる風は、冷たいくらいである。静かな心地よい花の都の夕暮だった。が、この街の美しさ、またなぜこの街が花の都と呼ばれるのかということについては、ぼくらにはまだまだ見えていなかった。

翌朝七時半過ぎにレストランへ下りていくと、早速ウエイターのおじさんが笑顔と「グッドモーニング」の挨拶で迎えてくれた。

彼は、ぼくのカメラを目敏く見つけると、頼みもしないのに写真を撮ってくれようとする。「もっと右」「顔を少し下に向けて」などとジェスチャーたっぷりに指示したり、わざわざ光子の髪を直しに来たり、とても忙しい。その甲斐あってか、彼の撮った写真は豪華なレストランの雰囲気がよく出ていて、なかなか上手い仕上がりになっていた。

ミケランジェロ広場

今日（ツアー六日目）の予定は、フィレンツェ市内観光である。八時半にロビーに集合。新しいガイドさんは、ぼくらと同年齢くらいの髪の長い日本人女性だった。彼女はフィレンツェの市民権を持っており、今回イタリア人ガイドは同行しない。

ローマでは毎日かんかん照りだったが、今日は少し雲が出ていて、アッシジの教訓を活かすべく、ぼくは折り畳み傘を携帯した。気温もやや低めで、上着着用の方が無難なようだ。

まずは、街の南東部に広がる小高い丘にあるミケランジェロ広場へ向かう。バスはアルノ川を渡ると、すぐにくねくねした丘の道を登り始めた。斜面には、オリーブ畑や葡萄畑が広がる。かと思うと、立派な別荘がずっと続いている一画もある。道路沿いには木々が枝葉を広げ、フロントガラスから見るとまるで緑のトンネルのようだ。この頃には、空はすっかり晴れ渡っていた。

移動の間、ガイドさんがフィレンツェの歴史を簡単にまとめてくれた。毛織物の生産で経済力をつけたフィレンツェは、十二世紀には自治都市宣言をして共和政を樹立する。莫大な利益を国王に貸し付けるなど、金融業も発展させていく。その中から台

頭してきたのがメディチ家であり、彼らは事実上の僭主《せんしゅ》となる。その中心人物が十五世紀のコジモ・デ・メディチで、その孫のロレンツォまでの間が絶頂期である。彼らは、学問文芸の大パトロンとなってルネサンスを演出する。

説明はさらに続く。ロレンツォの晩年には、サヴォナローラ（ドミニコ派修道士）が民衆の支持を得て、メディチ家は追放されてしまう。だが、そのサヴォナローラが過激な宗教改革をアピールして教皇に破門されると、民心は瞬く間に離れ、彼は火炙りにされてしまう。その場所を示す記念碑がシニョーリア広場に残っているらしく、今日それを見学するとのことだった。ここでちょうど広場に到着。

バスを降りた途端、メンバー一同、

わーっと歓声を上げた。眼下には、たくさんの建物がマッチ箱を連ねたようにぎっしりと並んでいる。その屋根は全て赤レンガで統一され、街全体が薔薇色に染まって見える。しかも、太陽の光にきらきらと輝く。まるで花の精が造った街のようだ。ぼくらはここに来て初めて、この街の美しさ、花の都と呼ばれる理由が理解できた。フィレンツェは、鳥瞰と全体視によってその魅力が発揮される街なのだ。

そんな薔薇色の渦の中、アクセントのように聳えている建物がある。サンタ・クローチェ教会の鐘楼、ドゥオーモのクーポラとジオットの鐘楼、それにヴェッキオ宮殿の塔という、この街の最も重要なモニュメントである。

視界の手前から北西に向けては、アルノ川がゆったり流れている。有名なヴェッキオ橋も見える。街の背景には、目に染みるほどの青いフィエーゾレの山々が連なっている。ここからの景色の中に、フィレンツェのまさに全てが入っている。各国の観光客達も、大型バスから降りてくる度に感嘆の声を上げていた。

早速光子がデッサンを始めた。独特の一筆書きのようなタッチで、四、五分もするとスケッチブックには花の都が躍動し始める。このように全体像を捉えるのは彼女の最も得意とするところである。嵐山夫人がそれを見て、「これだけ絵が描けると楽しいでしょうね。私にはどうも絵の才能はないようなの」と呟いた。

いつのまにか、光子の周りには外国人観光客が集まっていた。彼らは、スケッチブックと実際の風景を交互に眺めながら、微笑んだり、何事か呟いたりする。中には光子に代わって講釈する人もいる。ローマでもアッシジでもそうだったが、画に対する彼らの関心はとても高く、素直に自分の思いを発露するのである。

その時である。急に空が翳り、一陣の風と共にぱらぱらと雨が降り出した。あっという間に、街は墨を流したようにどんよりと暗くなった。ガイドさんの長い髪も、風に煽《あお》られている。一時の通り雨だろうが、傘を持っていない観光客達は慌《あわ》ててバスに戻った。もちろん、わがメンバーもである。

そんな中で、ぼくはアッシジのイタリア人ガイドよろしく、折り畳み傘を持ち出して、雨に打たれるフィレンツェの街を一人眺めた。屋根屋根は濃いエンジ色に変化し、茶色やベージュの壁の色がむしろ薄く見える。そして、その黒い翳がアルノ川に滲む。が、それらもどんどん流れ去ってしまいそうだ。

しかし、五分もすると太陽が眩しく復活した。フィエーゾレの山にはまだ低い雲がかかって朧《おぼろ》になっていたが、街には光が乱舞し、建物の輪郭がくっきりと浮かび上がる。屋根は眩しいほどに輝き、街全体の薔薇色が前よりも鮮やかになったようである。川面にもそれが反映して、薄いピンクの絵の具を溶かしたように見える。本当に急激な変化だ。ぼくは、街の凋落と再生を短時間で見せられたような気がした。

広場の中央には、レプリカながらミケランジェロの「ダヴィデ像」が、街を見下ろすように堂々と建っている。背丈四メートルを超えるこのヘブライの少年（後の王）は、巨人ゴリアテに石を投げる狙いを定めているところである。その表情には、緊張感が張《みなぎ》っている。それにしても、全身の筋肉美、右手に浮き出る血管の表現など、唸《うな》らずにはいられない。

ガイドさんは、次のような説明をした。

「サヴォナローラが処刑された後、『君主論』で有名なマキャヴェリが登場し、外敵の野望を挫いて共和国の自由と独立を守りました。このダヴィデ像は、その象徴なのです。一五〇四年完成、ミケランジェロ二十九歳の時の作品です」

続けて言うには、この像を作る時ミケランジェロは、建物を背景にして台座の上に載せることを前提にしていたので、頭や上半身は少し大きめになっているのだそうだ。だから本来は横や後ろから眺めるべきものではないという。「この台座はちょっと高過ぎますが、みなさんよくご覧になっておいてください。この後参りますヴェッキオ宮殿の入口にもレプリカが立っていますが、そこは物凄く混んでいますので」

ぼくらは、ダヴィデ像をゆっくり鑑賞した後、みんなで花の都を背景にスナップ写真を撮り合った。その頃には、遠い山並みの青さも大分復元されていた。

ピッティ宮殿

バスは丘を下りて次の目的地ピッティ宮殿へと向かう。本来はウフィッツィ美術館の見学だったのだが、爆弾テロのためあいにく閉鎖され、予定が変更されていた。

移動の間、再び「フィレンツェ史」が続けられた。

「一旦は外敵を防いだマキャヴェリでしたが、スペイン軍の侵攻の下、彼が組織した市民軍は壊滅してしまいます。そのスペインの後押しでメディチ家は復活するのですが、フィレンツェは自治都市としての自由さは徐々に失っていきます。コジモ・デ・メディチの直系が絶えた後は、神聖ローマ帝国の影響下に入り、一五三〇年以降は分家の一族が代々フィレンツェ公となりました」

「王様ということですか」と、嵐山夫人が尋ねる。

「貴族が君主となった場合は公国といって、王国と区別されています」

なるほど、そういう違いがあったのか。これにはぼくもすっかり目から鱗である。

「一五三七年にはコジモ1世がフィレンツェ大公となり、力による政策を押し進めていきます。彼はヴェッキオ宮殿を改修したり、ウフィッツィ美術館を建てたりして、今のフィレンツェの原形を造り出し、その後トスカーナ大公となりました」

ここですかさず大原さんが、おそらくはみんなが確認したかった疑問を尋ねた。

「コジモ・デ・メディチとコジモ1世とは別の人なのですよね」

「そうです。全くの別人です。二人の間には、百年くらいの時間の経過があります」

ガイドさんは、髪をかきあげながら即座に回答した。

西条さんが感心しきりといった表情で呟いた。「高校の歴史の時間みたいですな」。横では奥さんが大きく頷く。確かに、このバス中の「講義」は実によい「授業」であった。ガイドブックを読んでいても釈然としなかった謎が氷解した感じである。

ほどなく、バスはピッティ宮殿に到着した。この宮殿は、元々はコジモ・デ・メディチのためにブルネレスキ（ドゥオーモのクーポラの設計者）が設計したらしいが、コジモは「壮大華麗過ぎる」と言って拒否したそうだ。彼は、共和政を信奉する民心をよく理解し、その離反を最も恐れていたのだろう。

ブルネレスキの死後、メディチ家の商敵だったルカ・ピッティがこの計画を持ち出し、自分が施主となって起工した（一四五七年）。しかし、その百年後には、結局コジモ1世の妻がこれを買い受けるのである。

宮殿のファサードは、ベージュの石が横二百メートルに渡って三階まで積み上げられ、まるで長方形のピラミッドのように見える。二階と三階には古代ローマ様式を思わせるアーチが並び、大きな窓になっている。

ぼくらは、一階中央の大きなアーチの玄関を通って中へ入り、二階のメディチ家のコレクションを収めたパラティーナ美術館を見学した。この宮殿にはそれ以外にも、近代美術館や銀器博物館など六つの展示施設があるという。

パラティーナ美術館に入ってすぐの所に、大きな大理石の丸テーブルが置いてあった。このテーブルは、様々な色の大理石を巧みに貼り合わせて作った贅沢この上ないもので、青色やエメラルドグリーン、エンジ、黄色味がかった色などが複雑に混ざり合っている。どれもとても深い色で、吸い込まれそうである。この宮殿内には、このようにして作らせたテーブルが随所にあるという。

各部屋の壁という壁には、例によって所狭しと画が並べられている。美術館といえば、画は適当な間隔でゆったりと架けられているというのがぼくらの常識だが、イタリアのそれは全く違う。大きな画小さな絵を問わず、とにかく隙間があればそこに飾りたてるといった感じで、まるで画の洪水である。

しかも、どの画も凝った金細工の額縁に入れられている（光子によれば、金色の額を使うのは、画の色彩に影響を与えないかららしい）。中でも、ラファエロの「小椅子の聖母」の額縁は極め付けである。画自体は直径七十一センチの円形（美術の本などにはこの丸いところだけが載せられている）なのだが、それがごてごてに装飾された縦二メートル以上もある長方形の金ぴかの分厚い額縁に収まっているのだ。これで

は、画を見ているのか額縁を鑑賞しているのかわからなくなる。

ラファエロの作品は、これ以外にも「大公の聖母」「ドンナ・ヴェラータ」など十一ほど収められている。ぼくは、特別の嗜好があるわけではないが、ラファエロの画が繊細で貴族的だということだけはよくわかる。彼の主なモチーフが聖母だというのは、彼にとって究極の選択だったろう。

だが、ぼくは高貴過ぎる彼女達よりも、表情豊かなティツィアーノの「マグダラのマリア」の方が好きである。豊満で官能的な肢体とは裏腹に、赦しを請う思いつめた顔つきから、今にも絞り出す声が聞こえてきそうである。

この他には、自分の関係者四人を描いたルーベンスの「四人の哲学者」が印象に残っている。画が完成した時には四人のうち二人が亡くなっており、それを背景のチューリップが二輪閉じていることで暗示しているのだという。

光子は、カラヴァッジョの「眠るキューピッド」を熱心に見ていた。キューピッドというから可愛い天使かと思いきや、肥満した太鼓腹を晒《さら》して眠っている。だが、腹にだけ目をやってはいけない。上方に微《かす》かに弧を描いているのは天使の羽の一部だ。光と闇の描き方が絶妙である。光子は、ここまで明暗を極端にするのかと感心しきりである。最初はウフィツィ美術館が見られなくて残念だと思っていたけれど、なんのことはない。ここイタリアには、とって代わるものがいくらでもあるのだ。

それにしても、天井には一面に天井画が広がっているし、柱や梁には一分の隙間も許さないといった感じで金細工やレリーフが設《しつら》えてある。ヴァチカンで免疫ができている筈なのだが、三部屋くらい回ったところでもう目がくらくらしてきた。

ガイドさんは各部屋の主な作品を二つ三つ説明してくれるのだが、みんな頭はついていっていない。西条さんは、その間、監視員みたいに椅子にどっかりと座り込んでいた（それに引き替え、病人の奥さんの方は熱心に見て回っている）。

宮殿から出た時には、みんな消耗した顔つきになっていた。

「画は嫌いではないんですが、あれだけあるともう暴力ですよ」と、大原さんがしきりに目を擦《こす》りながら、ヴァチカンで西条夫人が言ったのと同じ感想を洩らした。

「十年分くらいの美術館巡りをした感じですな」と西条さんが応じる。嵐山さんは、「有名な画だけを一堂に集めてくれたら楽なんですがね」と実際的な発想を語る。

そんな中で、一番若い森田さんだけが、感慨深げに一人不思議なことを言う。

「あの大理石の青色は素晴らしかったですね。あの色はなかなか出せませんよ」

シニョーリア広場

ピッティ宮殿はアルノ川の南側にあるが、フィレンツェの主な観光名所は殆どが北側に集中している。バスは川を渡り、シニョーリア広場の近くでわれわれを降ろす。大きな橋を渡るためにだいぶ迂回したのだが、それでも五分くらいで到着した。西条さんが、「もう降りるんでっか」と慌《あわ》てている。

路地を抜けて広場に入ると、そこにはたくさんの老若男女が溢れていた。ラフな格好の人もいれば、お洒落着に身を包んだ人やかっちりしたスーツのビジネスマンもいる。この広場は、中世の昔から政治と社会の中心であり続け、それは今も変わっていないので、観光客だけでなく、地元の市民もたくさん集《つど》っているのだろう。そんな中、そこかしこに外国人ツアー客達が輪を作って、それぞれのガイドさんの話を聞いていた。耳を澄ますと、世界各国の言葉が聞こえてくる。

広場の正面には、威圧的な風貌のヴェッキオ宮殿が挑むように建っている。その手前には巨大な三つのアーチを持った屋根付き柱廊があり、たくさんの彫刻がまるで玩具のように並んでいる。それ以外にも、あちこちに野晒《のざら》しの彫像が立っている。広場中央付近には噴水もある。その横には騎馬像もある。見るべきものが多過ぎるような気がして、ぼくはなんだか落ち着かなかった。

ガイドさんは、ヴェッキオ宮殿を望みながら、その概要と宮殿内の見所について説明した（宮殿内は自由見学である）。今は三階が修復中で見られないが、二階の大広間は大丈夫ということだった。

その後、人が最も密集している所を指差して、あそこが宮殿の入口で、ダヴィデ像が立っていることを教えてくれた。確かに、そこには観光客が群がり、人とカメラの渦ができていた。彼女によると、その向かいに立つチェッリーニの「ペルセウス像」が二番人気だそうである。

ぼくらはそのペルセウス像を見るべく前進した。ギリシア神話のこの青銅の英雄は、見たものを石に変えるという女魔物メドゥサの首を刎ね、高々と持ち上げている。首からは血が滴り落ちている。しかし、彼はやや下方を見て、喜びを抑えているように見える。もしもに備えて、最後までメドゥサと目を合わせないようにしているのかも知れない。首を掲げているところばかりに目が行きがちだが、英雄の右足は、切り離された魔物の胴体をしっかりと踏みつけている。首のあった場所からは、血が噴き出している。

ガイドさんは、次のような説明を加えた。「これはコジモ1世の命により作られたもので、公国の力を象徴しています。自由見学の時には、あの像の後ろ側も見てください。ペルセウスの顔の裏側にもう一つ顔があります。それは作者チェッリーニの自画像だと言われています」

後日、像の裏側に回ってみた。確かに、髭もじゃで、法令線の強調された顔がそこにあった。さらに、像の下の台座がとてもユニークなのには驚いた。ヘヴィメタバンドが大喜びしそうな髑髏《どくろ》のデザインが施してあるのだ。

　ガイドさんは、今度はぼくらを噴水の方に誘導し、そのすぐ横手にあるライオン像を指さした。「ライオンはフィレンツェの象徴です。その中で、百合（市の紋章）を描いた盾を持つものをマルゾッコと呼びます。これは軍神マルスから来ているようです。いろいろな所でお目にかかると思いますが、このドナテッロのものが一番有名です」

　なるほど、そこには右の前足で盾を掲げているライオンがいた。ライオンだから、さぞや力を誇示しているのかと思いきや、その表情は穏やかだった。たてがみは立派だが、ぼくには忠犬のように見えた。はたして、犬好きの森田夫人がすぐ反応した。

「可愛い。お手をしているワンちゃんのようだわ」

　このマルゾッコのすぐ右横に、ひっそりとブロンズ像が立っている。ガイドさんは、ドナテッロの傑作「ユーディットとフォロフェルネス像」だと説明した。ユーディットはヘブライの美貌の寡婦で、自分の住む町が包囲された時、敵の隊長フォロフェルネスに気に入られるよう策略を練り、単身出向いていく。そして、宴会の後、彼が泥酔したところを見計らって首を掻き切り、敵軍を退散させたという。

　この像は、ユーディットが止《とど》めを刺すために、第二太刀を振りかざしているところだという。この話を聞いて、西条さんがしみじみと言った。「男の首を切る女人と、女の首を掲げる英雄ですか。この広場は、おっかないところですな」

そうなのだ。シニョーリア広場は、街の中心であっただけに権力闘争を映し出す舞台でもあったのだ。「ユーディット像」は、メディチ家の栄光と強さの体現として、最初ヴェッキオ宮殿の入口に置かれていた（十五世紀中頃）。だが、メディチ家が追放され、サヴォナローラも処刑された後、共和国の自由と独立のシンボルとして「ダヴィデ像」がそれに代わった（十六世紀初頭）。その後、コジモ1世が強権を握ると、今度はその力の誇示として「ペルセウス像」が置かれたのである（十六世紀中頃）。

この話の後、ぼくらは、観光客が群がっている噴水に目を移した。噴水は、海神ネプチューンとそれを取り囲む彫刻群からできている。一際大きなネプチューン像は、髭面で左手前方を見ている。嵐山夫人が、「ちょっとおじさんっぽい顔ね」とみんなを笑わせた。ガイドさんによると、あれはコジモ1世に似せたものらしい。

足元を泳ぐ数頭の馬達の方が、むしろ躍動的である。その周りを、半獣半人のサチュロス（ギリシア神話の精霊）が陽気そうにとりまいている。ただ、同じネプチューンがモチーフの噴水ならば、やはりローマのトレヴィの泉の方が、水量も多くて迫力があるように、ぼくは思った。

そのすぐ横には、これこそ正真正銘コジモ1世の騎馬像が立っている。こちらの方は威風堂々としていて、今でも彼がこの街に君臨しているかのように見えた。

ところで、噴水前の石畳に、マンホールの蓋のような丸い石が嵌《は》め込まれている箇所がある。といっても、ぼくらは地面を見ていたわけではないので、ガイドさんに言われるまで誰も気付かなかった。

だが、それこそがサヴォナローラの処刑場所を示す碑なのだ。それは、本当にマンホールの蓋にしか見えないので、誰も注意を払っていない。それどころか、次々とその上に乗って噴水の写真を撮るのに夢中である。そう、その位置が、まさに噴水の全景を収めるのにはもってこいの場所なのである。

サヴォナローラは、多くの観光客に踏みつけられながらどう思っているだろう。自分の存在を忘れないように、この場所をもっとアピールして欲しいと願っているだろうか。あるいは、民心は移ろいやすいと嘆いているかも知れない。

カルツァイウォーリ通り

ぼくらはシニョーリア広場から賑やかなカルツァイウォーリ通りを通って、ドゥオーモ広場へ向かった。カルツァイウォーリというのは靴下職人という意味だそうで、中世の頃から多くの職人達がこの辺りに店を構えていたという。それにしては、広くて真っ直ぐだなと思っていると、これは一八〇〇年代半ばの区画整理によるものらしい。

通りに面した建物は、クリーム色の壁の比較的新しいものが多い。だが、一階は古い石積みになっているものもある。そこに、革製品の店やブティック、靴屋、鞄屋、ジェラート店、薬局などいろいろな店が入っている。上層階は、だいたいがアパートメントだという。

通りは、短パンやジーンズの観光客が闊歩している。かと思えば、小奇麗にお洒落をした地元の人達も通る。夏休みに入った子供達がジェラートを舐めながらそぞろ歩いて来る。その横をジョギングする人が走り抜けていく。馬車も走っている。

日本人が十二人もぞろぞろ歩いているのが珍しいのか、地元の人だろう、ボンジョルノと挨拶してくれる。大原さんがそれに丁寧に返答している。それを見ていた林さんが「コメヴァ？（調子はどう）と言ってみてください」と教えた。大原さんが早速実行すると、すかさず「ヴァヴェーネ」と返ってきた。調子は上々という意味らしい。

さて、幾つかの古い建物の壁に、電車の吊革のような輪っかが取り付けられている。あれは何だろう。一見すると、ノックして来訪を告げるノッカーのようにも見えるのだが、ドアに付いているわけではない。それに、吊革のストラップに相当する部分も結構長い。よく見ると、そこに動物の顔が細工されているものもある。

ガイドさんに訊いてみると、一昔前まではこの輪っかに、馬を繋《つな》げていたのだそうである。馬を使わなくなった今でも、街の飾りとしてそのまま残しているあたりが、いかにも職人の街らしい。

そのうち左手に、いかにも古そうな石を丹念に積み上げた背の高い建物が見えた。今は隣の建物と接続されているが、もとは独立した細長い塔のような風貌である。こういう建物は、「カーサ・トーレ（塔の館）」と呼ばれ、十三世紀には百六十七もの塔があったという。中には高さ七十メートルを超すものもあったらしいが、世紀の終わり頃に、法律で二十五メートルに制限されたそうだ。

当時は、外敵の侵入や、皇帝派と教皇派に分かれた抗争が激しく、そういった時に一族の者が離散しないようにこういうアパートに揃って住んだのだそうだ。上層階に籠城したり、張り出し窓から攻撃したりすることもしばしばだったという。

各階は、取り外し可能な梯子段で上り下りしたらしい。ガイドさんのこのような話を聞いていて、ぼくはふと思った。ロールプレイングゲームによく登場する塔は、こういうものからヒントを得たのではないかと。

サン・ジョヴァンニ洗礼堂

その時、眼前の視界がぱっと開け、大理石造りの大きな建物群が一挙に目に飛び込んできた。八角形のサン・ジョヴァンニ洗礼堂、どこまでも拡がっていきそうなドゥオーモと匂い立つようなクーポラ、それに寄り添うように建つジオットの鐘楼である。どれも眩しく輝いている。みんなの口から思わず歓声が洩れた。

ドゥオーモ広場までの距離は、わずか三百メートルくらいだったと思う。シニョーリア広場も人が多かったが、この広場はもっと多い。特に、サン・ジョヴァンニ洗礼堂とドゥオーモのファサード（正面）の間は、物凄く混み合っている。ガイドさんはその場所をうまく避けて、まずは洗礼堂の北側に立って説明を始めた。

この場所には、元々はローマ時代のマルス神殿が建っていたそうだ。今のものは、十一世紀から十二世紀にかけて建てられ、街の守護聖人ヨハネ（ジョヴァンニ）に捧げられたという。ダンテもここで洗礼を受けたと言われている。堂は八角柱の形をしており、その上に八角錐の屋根が載っている。外装は白と緑の大理石で、緑の色が全体として落ち着いた印象を与えているように思う。

この堂には、三つのブロンズ扉がある。フィレンツェの十五世紀は、この扉の装飾者を決めるコンクールで幕を開けることになる。当時の宿敵ピサの大聖堂の扉に対抗するためである。

　コンクールの結果、ギベルティとブルネレスキが最終審査に残り、前者が勝利する。彼は、新約聖書の二十八場面を制作し、それが今も北扉として残っている。一つ一つが凄い力作なのはわかるが、細か過ぎるのと、聖書の知識がないために、どんな場面なのかまではさっぱりわからない。

　その後、ギベルティは東扉の装飾も行っている。こちらは新約聖書の十場面（アダムとイヴの創造からソロモン王の話まで）で、十枚の金のパネルとして嵌《は》め込まれている。ガイドさんが「北扉と東扉の違いをよく見てください」と注意したが、確かに彫り方が全く違う。東扉のものは立体的で、浮彫が飛び出してきそうである。画面の手前は凹凸が深く、奥はそれが浅いという透視画法が用いられているのだ。ミケランジェロはこれを「天国の門」と絶賛したという。人が群がっているわけである。

　ギベルティは、二十五年近くもかけてこれを完成させたという。よく見ると、衣服の襞《ひだ》の一つ一つ、植物の葉脈に至るまでとても細かい。物凄い根気と集中力が必要だっただろう。彼は完成時七十四歳だったそうだが、その三年後に亡くなったという。精根尽き果てたのかも知れない。二十五年と聞いて、西条さんがえーと唸った。「ぼくなら、四十歳から今までずっと彫り続けたということでっか」。ひょんな所で彼の年齢が判明してしまった。

一方、コンクールに敗れた（辞退したという説もある）ブルネレスキは、彫刻の道を諦めて、ローマで建築の勉強をしたという。実はその結実が、ドゥオーモのクーポラなのである。

洗礼堂の中に入ると、天井全面を被うモザイク画の絵巻物に圧倒される。これらは、一つ一つが旧約聖書の物語だそうである。バックは全部金地だ。中央に両手を開いているキリストが描かれている。このキリストは、いかにもビザンチン風で東方的である。何がそう見せるのだろうと考えてみたのだが、それはどうやら髪の毛と顎鬚《あごひげ》ではないかと思う。西洋的な巻毛に対して、いずれも直毛で長いのである。

その右下方には地獄の風景が展開している。とてもおどろおどろしく、むしろ仏教絵巻のように見えた。究極のところでは、どの宗教も収斂してくるのかも知れない。

中央祭壇すぐ横に、対立教皇ヨハネ23世の実に立派な墓碑が置かれていた。棺には臥像も設《しつら》えてあり、ドナテッロとミケロッツォの設計だという。

洗礼堂が建てられた頃は教皇権絶頂の時期だったが、その後十字軍などの影響で各国とも王権が伸張する。特にフランス王は教皇をアビニョンに捕囚し、教会分裂（一三七八〜一四一四）を引き起こした。ヨハネ23世は、その時期の最後の対立教皇（正統な教皇に対して立てられた教皇）なのだが、実はメディチ家が後押ししていたのだ。道理で立派な墓なわけである。因《ちな》みに、この教皇は海賊の出とも軍人出身とも言われている。

ところで、この墓の両側には、しっかりした円柱が建っている。これはローマ時代のフォロから持ってきたものだそうである。いや、この小さな堂の中にだけでも、ものすごい歴史が詰まっている。

昼食と皮革店

洗礼堂から出ると、ガイドさんはドゥオーモとジオットの鐘楼の説明を行った。その声は、他のガイドや観光客の声に吹き消されそうだ。それくらい人が多いのである。また、今日は日曜日で、団体ではドゥオーモの中に入れないらしい。ぼくらは自由行動で再びこの地を訪れるので、詳しい事はその時に書くことにする。

ドゥオーモ広場から、方角的には南東の方向に少し歩き、昼食の中華料理店に行った。ここの料理はとても美味しかった。その上とにかく量が多い。冷菜から始まって、鶏、豚、海老、肉など一通り出て炒飯になったので、あとはデザートだなと思っていると、実はそれが真ん中くらいだった。後からまだ蟹は出るし、鮑は出るし、一気に三、四キロくらい太ったのではないかと思う。

ぼくらは森田夫妻と同席だったのだが、さすがに大食漢の彼ら（奥さんも実によく食べる）も満腹の様子だった。奥さんは、「ホテルに帰ったらジョギングしなきゃ」とお腹をさすっている。テーブルを見ると、二本の紹興酒の瓶も空っぽだった。

ぼくは、ピッティ宮殿を出た時に不思議に思った「あの大理石の青色はなかなか出せませんよ」という森田さんの言葉について尋ねてみた。それで、彼の実家が瀬戸物の卸商をやっており、彼もその仕事に就いていることがわかった。仕事柄いろいろなもののデザインや彩色に目がいくらしい。それを聞きつけた大原さんが隣のテーブルから、「日本に帰ったらお茶碗送ってよ」と、少し酔いの回った大きな声を出した。

実に贅沢な昼食の後、皮革製品を扱っている店を訪れた。まずはこの店の工房を見学する。二人の職人がテーブルに座って、革製品にゴシック調の模様を彫り込み、そこに金箔を貼り付ける作業を行っていた。一人は年配のおじさんで、若い方の師匠でもあるらしく、その作業振りを見守っている。

若い職人は、長さ六十センチくらいの棒の先に専用の革包丁を取り付けた道具をぐっと握りしめ、棒を肩で支えながら器用に彫っていく。だが、テーブルの前に西条夫人が座るとどうも気になるらしく、何度も手を止める。横から師匠が何事か囁《ささや》く。集中するように、と言っているのかも知れない。

作業の様子をぼくが写真に収めようとすると、今度は彼の目はついついこちらの方を向きがちだ。師匠までもが、それに倣《なら》う。ぼくは作業中の自然な姿を撮りたかったのだが、これがなかなか難しい。

村上春樹の『遠い太鼓』という紀行文の中にも、次のようなことが書いてあったように思う。火事の現場をテレビが放映した時、消火作業中の消防士の視線がみなテレビカメラの方を向いているのだそうだ。中には、こっそりVサインを作っている者までいたという。

この店で、ぼくと光子は、アルビエロマルティーニの財布とショルダーバックをそれぞれ買った。光子によると、日本の市価の三分の一くらいだそうである。イタリアの皮革製品は確かに安い。その中でもフィレンツェは特に安いらしい。

ぼくは、数名の友人に土産としてベルトを買おうと思っていた。ヴァレンチノあたりなら無難だろうと探していると店員が近づいてきて、「ヴァレンチノはデザイン料が高いばかりです。無名ブランドでも革はこちらの方が上等ですよ」と流暢な日本語で言う。そして何本かのベルトを勧めてくれた。店にはヴァレンチノもたくさん置いてあって値段もその方が高いのに、店員がそう言うのだから間違いはないのだろう。

その他、幾つかの小物も買った。濃いエンジ色の革を巻いた塩入れが気に入って、レジの方へ向かっていた時である。後ろからぼくの肩を叩く人がいる。振り向くと、外国人観光客のおじさんが立っていて、ぼくが持っている塩入れと同じような小物を握っている。

彼はぼくの目を見るとそれを振りながら、「ペッパー、ペッパー」と言う。どうやら、これは塩と胡椒のセットで使うものだと言っているようだ。彼はそれを教えるためにわざわざ胡椒入れを持ってきてくれたのだった。おかげで片割れにならず、わが家にはペアでそのセットが並んでいる。

サンタ・クローチェ教会

みんな満腹のお腹をさすりながら、南の方へぶらぶら歩いて行った。かんかん照りでもないし、腹ごなしにはもってこいだと思っていたが、目的地には結構すぐ着いてしまった。市内観光の最後は、サンタ・クローチェ教会である。

この場所には元々聖十字架（サンタ・クローチェ）を祀る礼拝堂があり、フランチェスコ会の修道士が説教をしていたようだ。十三世紀になってそれが常住するようになり、小さな教会と修道院が建てられた。その後、修道士の数が徐々に増えたため、今のものに建て替えられたという（一三八五年本堂完成）。ただ、清貧を旨とする同派だから、建て替えには反対意見もかなり多かったらしい。

教会のファサードは、すっきりした大理石造りである。その石の色はまだ新しく、

六百年も経っているようには見えない。と思っていると、これは十九世紀に入ってから完成したのだそうだ。なんでも、寄進を申し出た貴族が見返りに家紋を入れることを要求したとかで、工事が長い間中断されていたという。

ファサードの左手にはダンテの大きな像が立っている。彼はフィレンツェの貴族で二十年間市政の要職に就いていたのだが、政争に敗れ追放されてしまう（一三〇二年）。放浪生活の末ラヴェンナに迎えられ、そこで『神曲』を完成させて一生を終えた。

ぼくは思うのだが、当時のフィレンツェ人は、ダンテがこれほど偉大で有名になるとは、誰も思っていなかったのではないだろうか。ミケランジェロが記念碑を作らせて欲しいと言っても、当局は拒否したというのだから……。十九世紀になってやっと教会の中に墓碑を作り（ミケランジェロの横）、遺体を返してくれるようラヴェンナに頼んだそうだが、体良く断られたという。

教会の中はとても広く、天井も高い。天井は巨大な木組みでできており、それがこの高さを可能にしているらしい。堂内には、八角形の大きな柱が二列に並び、それに連なるアーチで広い身廊（中央通路）と左右の側廊に分かたれている。教会の構造自体は、とても質素である。

だが、ここにはなんと二百七十六もの墓がある。特に両側の側廊には、ミケランジェロ、ガリレイ、マキャヴェリ、ロッシーニなど名立たる天才の墓碑が並んでいる。この教会が、「イタリアの栄光のパンテオン」と呼ばれる所以《ゆえん》である。

ミケランジェロは、本来は教皇の意向によってローマに埋葬されることになっていたらしい。だが、フィレンツェ市民は遺体を持ち帰り、直ちにここに安置したのだそうだ。葬儀はコジモ1世が執り行ったという。

墓碑の制作者はヴァザーリである。墓の前にある三つの像は、絵画、彫刻、建築を表しているという。ミケランジェロは、どんな思いでこれを見ているだろう。本来彼は、「ロンダニーニのピエタ」を墓前に置きたかったらしい。だが、それは彼自身の手によって破壊されてしまい、未完に終わっていたのだ。

これらの天才達に交じって、ここにはトスカーナの名門の人々もたくさん葬られている。清貧を理念とするこの教会に埋葬されることとは、謙虚な死を迎えられたことを意味したからだ。だが、実はそのために、一族の者は相当な金を使ったのである。

教会の大きさには限りがあるから、墓は床にもたくさん埋め込まれている。その上を何万人という人が踏んづけていく。

「お墓を踏んでも大丈夫なんですか」と、西条夫人がガイドさんに尋ねると、

「踏まれれば踏まれるほど、罪が浄化されると言われています」という返答だった。

名門家の人々は墓だけでなく、莫大な寄進をして一族専用の礼拝堂まで造ってい

る。これで清貧というのだから、聖フランチェスコは泣いているかも知れない。

そんな一族専用の礼拝堂の幾つかに、ジオットはフレスコ画の連作を描いている。ただ、壁は十八世紀に漆喰で塗りつぶされてしまい、今は一部しか見られない。そんな中の一つに「聖フランチェスコの死」（バルディ家礼拝堂）がある。画には、聖人のまさに最期の時が描かれている。多くの聖職者達が立ちあい、息を呑んでその瞬間に見入っている。目からは今にも涙が零《こぼ》れ落ちそうだ。

しかし、ぼくは、不思議な静謐《せいひつ》さのようなものを感じた。それは、アッシジで見たジオットへの郷愁が為せる技だったのかも知れないが、なにより、聖フランチェスコの顔があまりに安らかに描かれていたからだと思う。

別のバルディ家礼拝堂には、ドナテッロの「十字架のキリスト像」があった。これは磔刑のキリストを木彫りで表したものである。ガイドさんによると、このキリストの両腕は動くのだそうだ。当時教会では、像をはずして、十字架降下から復活までを劇のように見せていたらしい。

この像に対して、親友のブルネレスキは「十字架に農夫を上げたのか」と揶揄《やゆ》したという。気を悪くしたドナテッロは「じゃあ君も作ってみろ」と言ったらしいが、後日ブルネレスキが実際に作った作品を見た時彼は感動して、夕飯を共にするために持っていった卵を思わず落としてしまったと言われる。この二人はミケランジェロよりも百年前の世代である。どの時代でも、天才達は切磋琢磨していたわけである。

目を中央礼拝堂に転じると、ステンドグラスが六列、高さ二十六メートルの天井に向かってまるで天に昇るように伸びていた。これを見ると、この建物がゴシック様式なのだということを改めて認識させられる。

ステンドグラス上に掲げられている筈の十字架は、残念ながら修復中だった。この教会は一九六六年のアルノ川の大氾濫による壊滅的な被害と、対抗宗教改革（カトリック側からの改革）で壁が塗り込められた結果、何時まで経っても修復が追いつかないのだという。今回は、パッツィ家礼拝堂や聖具室にも入ることができなかった。

ジオットの鐘楼

バスでホテルに帰り、市内観光はこれで終わりである。それにしてもガイドさんは、ローマに続いて歴史と美術に造詣《ぞうけい》の深い人だった。後は夕食まで自由行動である。時刻はまだ三時過ぎだ。ぼくらは一旦部屋に戻って身支度すると、またすぐに飛び出した。ロビーで嵐山夫妻と会い、一緒に出掛けることになった。

ぼくと光子は、まずはジオットの鐘楼に上ろうと思っていた（本当はドゥオーモのクーポラに上りたかったのだが、ガイドブックによると日曜日は午後から上れないことになっているのだ)。そのことを嵐山夫妻に話すと、ご主人は、「でも、そんな階段上り切れるかな」と、ややしり込みをする。でも奥さんに、「いや絶対上りましょうよ。私は、本当はローマでもサン・ピエトロ寺院のクーポラに上りたかったんだから」と、押し切られた。

フィレンツェの街は、ミニサイズというか人間サイズというか、どこに出掛けるにも十分に歩いて行ける。街の中心のドゥオーモ広場までも十五分くらいの距離である。嵐山夫妻が昨日買ったという大きな地図を見て出発する。先頭は、地図が大の得意だという嵐山夫人だ。

街は条里制ではないので、道は曲がりくねったり路地が発達したりしている。ぼくらは、中世の石畳が残り両側に古い家並みの連なる狭い道を、あちらこちら曲がりながら歩いていった。

先程から同じような辻を何回も通っている。路地が交差している所の建物は、だいたいがクリーム色の壁になっている。ぼくは、同じ所を何回も回っているような錯覚に囚われた。しかし、奥さんの歩みに迷いはない。自信に溢れた足取りでどんどん進んでいく。ぼくが半信半疑でご主人の方を見ると、彼は「まあ、任せておいたらいい」という表情である。

しばらくすると、「もうそろそろよ」と夫人が言った。果たして、人通りの多くなってきた先に、洗礼堂、ファサード、クーポラが重なって見えてきた。この間、彼女が地図を見たのは出発の際の一度きりである。ぼくは驚いてしまった。

実は、光子もかなり方向感覚に優れていて、一緒にいると道に迷ったことがあまりない。だが、嵐山夫人はその遥か上を行く。まるでナビゲーションシステムを頭に搭載しているかのようだ。ぼくがそれを言うと、本人ははにかみながら、「これしか取り柄がないのよ」と、至って控えめだった。

さて、確認してみたのだが、日曜の午後はやはりドゥオーモのクーポラには上れないし、地下にあるサンタ・レパラータ教会の遺跡も見学できない。そこで、予定通り、嵐山夫妻とジオットの鐘楼に上ることにした。

この鐘楼は、ドゥオーモの正面玄関すぐ右横に、まるで巨大な工芸品といった趣で建っている。あまりにもドゥオーモが有名なので、同じ場所にあるのはもったいないくらいである。といっても、この鐘楼とサン・ジョヴァンニ洗礼堂は、実はドゥオーモの付属物である。

外壁は洗礼堂と同じように大理石だが、ピンク色が加わり華やかさを増している。そこに、白大理石の枠組みで縦長の長方形が端正に並んでいる。その中にはさらに六角形や菱形の枠があり、そこには紋章やレリーフが小まめに彫り込まれていた。

高さは八十二メートルあり、ピサの斜塔より二十六メートルも高い。ジオットは着工（一三三四年）から三年目に基底部が出来上がったところで亡くなってしまう（完成は一三八七年）。その後、ピサーノらが引継ぐ。内部は中空になっていて、下から見上げると、遥か彼方に鐘があるのがなんとなくわかる。

さあ今からこれを上っていくのだ。屋上まで階段は四百十四段である。嵐山さんが「よし行こう」と気合を入れた。が、先頭はどういうわけか今回もまた夫人である。その後にご主人、光子と続き、写真を撮るなど遅れがちになるぼくは殿《しんがり》である。

夫人は最初、子供がよくやるように一段一段階段の数を数えながら上ろうとしていたが、その試みはすぐ放棄されることになった。上ることだけで大変で、それどころではないのだ。威勢よく聞こえていたご主人の声も、だんだん途切れがちになる。階段は例によって狭い。横に二人は並べない。灯りといえば、ぽつぽつとあるカンテラのような電球だけだ。そして両側の壁は漆喰の匂いを放ち、息を詰まらせる。
二、三十段上っては直角に方向を変える階段をしばらく上ると、採光窓のある踊り場に達した。窓はとても大きく、溢れる光が愛おしく感じられる。風も吹き抜け、生き返った心地である。われわれは四方を展望しながら、しばし呼吸を整えた。
それから、またトンネルのような階段を上っていく。だが、採光窓のある階で定期的に休めるので、サン・ピエトロ寺院のクーポラよりはずいぶん楽である。また、高くなるに連れ、窓から見える視界がだんだん広がっていくのが楽しみでもある。

嵐山夫妻は、初めのうちは早く上りたいという気持ちが前面に出ていたが、さすがは年の功、途中からその気持ちを抑えて呼吸を整えながら彼らのペースで上っていった。いよいよ胸突き八丁という所で建物中央部の吹き抜けは終了し、その階の天井に大きな鐘が吊ってあった。吹き抜け空間は、この鐘を吊り上げるために造られたものだということがよくわかる。

この踊り場の吹き抜け部分には、床の一部として頑丈な格子の木枠が嵌《は》め込まれており、その隙間から下を覗《のぞ》き見ることができる。ぼくは、斜め横から恐る恐る下を覗いてみた。地面の階に豆粒ほどの人間が何人か見えた。及び腰になりながら、格子の間にカメラを差し込み、シャッターを切る。ぼくはパノラマ展望のために高い所に上るのは好きなのだが、高所が得意なわけではない。特に、このように直下を見るのは身も竦《すく》む。

しかし、嵐山夫人は大胆にもこの格子の上に乗って、下を覗き込んでいる。光子が思わず、夫人の腕をつかんだ。だが、夫人はこともなげに言った。

「へえー、こんな高い所まで上ってきたのね。これは疲れるはずだわ」

ここから、最後の数十段を一気に上り切る。屋上に出た途端、四人は異口同音に感嘆の声を上げた。「すごーい！」。そして四人ともしばらくは二の句が継げなかった。ここから見るフィレンツェの街はまさに絶景である。街全体がモザイクというか、ジグソーパズルの一つ一つのピースを巨大な枠に嵌め込んでいったように見える。ミケランジェロ広場から展望した時には見定められなかった細かい部分も、ここからだとよくわかる。建物の屋根は、一切の例外なしに全て赤レンガである。

また、多少のでこぼこはあるものの、建物はだいたい同じ高さに統一されている。少なくとも通りに面した所は、ぴしっと揃えられている。そして、ピザにピザ切りで筋をつけたように、通りがまっすぐに走っている。まるで最初にこの鐘楼のような高い塔を建て、そこから指示を与えながら街を造っていったかのようである。絵画や彫刻作品もさることながら、まずはこの街自体が一大芸術作品なのである。

鐘楼から見るクーポラ

さて、今ぼくらの目の前、しかもすぐ手の届きそうな所に、ドゥオーモのクーポラが広がっている。「まるでぶつかって来そうね」と嵐山夫人が言ったが、本当にそれくらい間近に迫っている。

ブルネレスキ設計のこのクーポラ（一四三六年完成）は、八角柱の土台（ドラムという）の上に、八つの球面三角形を白い石の稜線（リブ）で繋ぎ合わせた形になっている。このリブは構造上必要であるらしいが、デザインや色彩的にも、全面の赤レン

53　鐘楼から見るクーポラ

ガと実に見事なコントラストを成している。

クーポラは半球ではないので、裾の方は殆ど垂直のような勾配である。これは、基底部の直径の端からそれぞれ五分の一の所を中心に、残りの五分の四の長さを半径とした円を交差させた形なのである。この独特の釣り鐘のような形状が、香り立つような、そして上昇するような姿を映し出すのだろう。

ドゥオーモ本体は、カンピオの設計によって一二九六年から工事が始められたが、戦争などにより度々中断された。十四世紀終盤には主要部は完成したが、長い間天井に大きな穴がぽっかり開いていたらしい。地上五十メートルを超える高さの所に、巨大なクーポラを建造することなど誰にもできなかったのである。

それを解決したのが、ブルネレスキである。洗礼堂の扉のコンクールでギベルティに敗れた（一四〇一年）彼は、ドナテッロとローマに行き、古代ローマ建築を研究したと言われている。そして、クーポラの公募（一四一八年）に応募し、彼の案が採用されたのである（因みに、この時ギベルティも応募している）。

彼は、こんな高い場所では、従来のように足場を組んで仮枠を造って建造する方法は無理だと考える。そんな大きな木材が存在しないのだ。そこで、クーポラを二重構造にして、石材を中から積み上げる工法を考え出したのである。

ぼくは思わないわけにはいかない。もし、あのコンクールでブルネレスキが勝利していたら、彼は彫刻の道に進み、このモニュメントは別の人間が設計して全然違う形になっていたかも知れないと……。

クーポラの上には、ランタンという採光を兼ねた装飾塔が載っている。八方に優雅なデザインの張り出し（バットレス）が付いた神殿のような構造である。これはブルネレスキの死後取り付けられたものだそうだ（一四六一年完成）。

最頂部にある巨大なブロンズの球（金箔が貼ってある）と十字架も、ここからだと、手に取るように見える。これはヴェロッキオの工房が制作したもので、弟子のダ・ヴィンチも関わったと言われている。その時ダ・ヴィンチは、ブルネレスキが考案したクレーンや巻上機にとても魅了されたようで、かなり正確なスケッチを残している。ブルネレスキは、超一流の技術者でもあったのだ。

ブルネレスキは、ダ・ヴィンチよりも七十五年前（ミケランジェロよりは九十八年前）の生まれで、ダ・ヴィンチ生誕の六年前に亡くなった。彼らが同時に生存していたことはなかったわけだが、ルネサンスの天才の系譜は、ここフィレンツェでは脈々と続いていたのである。

先程から光子がデッサンを始めている。もう三枚目くらいである。嵐山さんが、

「上手いものだな。それにしても、部分じゃなくて、全体をあちこちから描いていくのですね」と、いかにも感心したように言う。

「そうなんです。いつ時間切れになっても大丈夫なように、その時その時で全体が完成しているように描くんです」と光子は答えた。これは彼女の師匠の教えである。

ぼくらは屋上を何回も回り、フィレンツェの都市芸術とクーポラをたっぷり堪能した。そして、四人とも未練を断ち切るように、長い長い階段を下りていった。

ドゥオーモ

下界に下りると、鐘楼からは豆粒大に見えていた人々がしきりに広場を行き交って

いる。ツアー客が作る輪も相変わらず絶えない。

ぼくらは、改めてドゥオーモ（サンタ・マリア・デル・フィオーレ＝花の聖母大聖堂）を眺めた。長さ百五十メートル、最大幅九十メートル、三万人収容という、キリスト教の教会では当時世界最大、現在世界第四位の大きさである。

当時のフィレンツェは、ヨーロッパ金融界の頂点に立っていた。人口も二十万人を超え、西欧では最大だったという。このような街に相応しい教会をということで、それまで建っていたサンタ・レパラータ教会を取り壊して建てられたのである。

聖レパラータは、三世紀中頃のパレスチナ出身の聖女で十一歳で殉教した。ローマ帝国の末期、東ゴート族が侵攻してきた時に彼女が空中に現れ、皇帝ホノリウス軍を救ったという言い伝えがある。だが、フィレンツェ人はドゥオーモに建て替える時、この聖女から聖母マリアにちゃっかり乗り換えてしまったのである。

ドゥオーモのファサード（正面）は五層になっており、そこに展開する複雑な幾何学模様の大理石細工は見事というしかない。中でもぼくが最も興味を引かれたのは、螺旋状になっている柱である。これは、どのように加工したのだろうか。

ここに使われている大理石は、全て真新しい。それもその筈、実は最初に造られたものは十六世紀後半に一旦取り壊されたのだ。その後何度も再興が図られたらしいが、結局は十九世紀後半に今の形で完成したという。なんとも気の長い話である。

ファサードは驚くほど大きいわけではないが、側面に回ってみると、改めてこの聖堂の大きさに圧倒される。まるで巨大な衝立を広げたようである。ぼくも嵐山さんも、なんとかカメラに収めようと躍起になったが、所詮無駄な努力だった（よく考えてみると、サン・ピエトロ寺院の側面の全貌は見られない）。

側壁には長方形を主体とした幾何学模様が配置されており、それが何段にも重なってどこまでも続くように見える。そして、その上には、物凄いボリュームのクーポラが持ち上がっている。これぞ、石文化の面目躍如である。

その時、唐突として何かの行進が進んできた。先頭は小柄な政治家風の人で、大きな旗をいかにも重そうに抱えて歩いてくる。すぐ横には屈強な付添人がいる（彼が旗を持てばよさそうなものだが、そうはいかないのだろう）。その後に白い法衣をつけた聖職者が二人、背の高い杯のようなものを恭《うやうや》しく掲げて続く。それから、一般信者と思しき人達が三、四列に並んでぞろぞろ歩いてくる。一体何の行進なのだろう。

辺りを見回していた嵐山夫人が、「あの人達はみんなドゥオーモから出てくるみたいよ」と指摘した。確かに、ファサードから次々と人が出てくる。そして、その人達が行進を続けて、先頭が今、ぼくらのいるこの側面に達しているのだった。

逆にぼくらは、側面の扉から中へ入ってみた。中はちょうどミサが終わったところらしく、人々は順番に席を立って正面玄関の方へ歩いていく最中だ。ざわざわとはしているが、全体としては秩序正しく移動が行われている。

しばらくすると、人で溢れていた堂内は嘘のようにがらんとなった。残っているのは観光客ばかりである。ドゥオーモは教会として現役なわけだから、当然地元市民のためにミサが行われる。それでも観光客を拒まないのは、さすがは観光立国である。

ドゥオーモの中は、華麗な外壁と比べると簡素の一言に尽きる。二列に並んだ巨大な柱列とたくさんのステンドグラスが目につくくらいで、彫刻やレリーフ、凝った調度品などは見当たらない。圧倒的な空間が広がっているだけだ。ぼくはふと思った。当代随一のものを造るという思いが強過ぎて、もしかしたら大き過ぎるものができてしまったのではないか（元々のカンピオの計画はだいぶ拡張されていた）。そして、そこに設置するものまでは考えていなかったのではないかと。

嵐山さんも、「サン・ピエトロ寺院を想像していたから、見るものが物凄くあるだろうと覚悟していたのに」と拍子抜けしたようだった。だが、彼は続けて言った。

「見事までにシンプルだな。シンプルイズベスト」

中央祭壇の真上がクーポラで、その天井にはヴァザーリとその弟子達によるフレスコ画の「最後の審判」が繰り広げられている……筈なのだが、残念ながら修復のための青色シートが掛けられていた。

ぼくらもファサードから外へ出た。行進は終了しているようだったが、広場はまだ黒山の人だかりだった。貴い聖人がいるのか、ローマの教皇の行進の時のように黄色い天蓋が高く持ち上げられ、その周りを何重にも人垣が取り囲んでいた。ぼくらはその人混みを掻き分けながら、再びナビゲーター嵐山夫人の先導でホテルへ戻った。

フィレンツェ二日目の夜とコンダクターの心配事

今日も夕食は、ヴィラ・メディチのレストランである。このツアーの中で、朝食以外の食事が同じ場所で二度続くのはここだけである。しかし、今日も昼食が物凄いボリュームだったので、昨日と同じように少し軽めにしてもらった。森田さんでさえそれでよいというのだから、昼食の量がいかに多かったかがわかる。ヴィラ・メディチの人は、日本人はよほど少食だと思ったに違いない。

それでも、豚の背肉をオーブンで焼いたアリスタという料理は、ローズマリーの香りが香ばしくなかなか美味だった。アリスタの語源は、ギリシア語で絶品という意味らしい。なんでも、コジモ・デ・メディチが公会議を招致した際に出したこの料理に、ギリシア人司教がアリストスと呟き、ギリシアではそう呼ばれているのだとフィレンツェ人が勘違いしたのだという。

様々な種類の豆と新鮮な野菜を盛り合せたサラダも良かった。デザートは、トルタ・デラ・ノンナ（おばあちゃんのタルト）というアーモンドを敷き詰めた郷土色豊かなチーズケーキである。こういうお菓子にも、ワインが実によく合うから嬉しい。

林さんの話では、これらトスカーナの郷土料理がフランス料理の起源になったという。フランスに伝えたのは、他でもないメディチ家の人々である。因みに、食事時にナイフやフォークを使う習慣も、フィレンツェが発祥だそうだ。

食事の席で、西条さんが、

「メディチ家は断絶したのですかね、それとも末裔は今でも生きているのですかね」

という疑問を発した。世界史の教科書のどこかで見たと思って、ぼくが、

「確か断絶したと思いますよ、後で調べてみましょうか」と答えると、彼は、

「へー、中津さんは百科事典を持ってきているんですか」と目をくりくりさせる。これにはみんなが大笑いした。

さて食事の間、林さんがしきりに咳をする。どうやら風邪の症状らしい。熱も少しあるようだ。明日は夜の食事以外は終日自由行動なので、「ゆっくりしていたら」とみんなが気遣う。林さんは「どうもありがとうございます。そうさせていただきます」と頷いていたが、実はこの時、彼女はたいへんな心配事を抱えていたのである。

翌日の食事の時に聞いたのだが、それは次のようなことである。

コンダクターは新しいホテルに着くと、まずは自分のパスポートをフロントに提示

する。ここヴィラ・メディチでも、一昨日の土曜日の夕刻到着した時に彼女はその通りにした。その時フロントはとても立て込んでいて、ちょっと預からせてくれと言われたそうである。

ところが後で彼女が返してくれと言うと、向こうは預かっていないと言うのだそうだ。「そんなことはない。預からせてくれと言うので私は確かにパスポートを渡した」と、林さんがいくら主張しても、向こうは頑として受け付けない。押し問答が続き、そのうち彼女もだんだん弱気になってくる。そして、自分の錯覚かも知れないと思い始める。

しかし、荷物をひっくり返して調べてみてもパスポートはない。ひょっとしたらローマに忘れたのだろうかと思って、ローマのホテルにも電話で照会してみた。「探してみます」とは言ってくれたものの、すぐには返事は来ない。

今日の夕食前にも彼女はヴィラ・メディチに再びかけあってみたが、返事は同じだったという。彼女は諦めて、明日の朝一番にローマに戻ろうと考えたようである。いずれにしても今日は仕事が一日中詰まっていたし、それに万一紛失していた場合は、会社の事務所や大使館で手続きをしなければいけない。そのためにも、日曜日の今日より明日の方がいいと思ったようだ。彼女がそんな気持ちで今日一日のスケジュールをこなし、夕食をとっていたとは誰も知る由もなかった。

ところが、翌朝彼女が風邪をおして始発の電車でローマへ向かおうと起きてみると、なんと枕元のテーブルの上にパスポートが置いてあるではないか。彼女は眼を疑った。何度も確認してみたが、それは紛れもなく彼女のパスポートだった。思わず部屋内を見回してみると、閉めて寝た筈の中扉が開いている。外扉を開けることができ、ここが彼女の部屋だと知っているのは無論ホテルの人間しかいない。

気持ちは悪いし腹は立つが、とにかくパスポートは戻ってきたのだ。彼女は、フロントには「パスポートはありました」とだけ伝えて、それ以上は何も言わなかったそうだ。フロントも「それはよかったですね」と言ったきりである。

やれやれ。これが、五つ星ホテル、ヴィラ・メディチで起こったコンダクターのパスポート紛失事件である。林さんは、とりあえずパスポートが戻ってきたことと、一日ゆっくり静養できたことで、風邪はその日の夕方にはすっかり良くなっていた。

そんな事とはつゆ知らず、夕食後ぼくらは夜の散策に出掛けた。あてもなく、辺りをぶらぶらと歩く。考えてみれば、食べて観光して、また食べて散歩して……、これほど幸せなことが他にあるだろうか。

通りに並べられたカフェテラスでは、地元客観光客を問わず多くの人が、お喋りに花を咲かせたり食事を楽しんだりしている。見つめあっているカップルもいる。わいわい騒いでいるグループもある。街灯は殆ど見られず、店内から洩れ出る薄明かりだけが頼りである。日本人だとちょっと頼りなく思うが、人々は「夜はこんなもの」といった調子で夜モードを楽しんでいる。昼間はやっていなかったピッツアの店にも人だかりができていた。

その一方、広場は全くの暗がりだった。だが、よく見ると地元の若者達がたくさん屯《たむろ》していて、中には真っ暗な中でサッカーをしているグループもあった。

ぼくらは、例によってフィレンツェ中央駅にも行ってみた。ローマのテルミニ駅のように、ここも全ての列車の始発駅であり終着駅である。構内には簡単に入れる。日本なら駅は煌々としたイメージがあるが、入口付近が明るいだけだ。長いプラットホームには蛍光灯がまばらに点いているだけで、うら寂しさすら感じる。緑の車体の電車が何本か停まっていたが、ホームにも待合室にも人影は疎《まば》らだった。

列車の行き先を示す電光掲示板を見ると、二十二時台に四本、二十三時台に一本、零時台は三本、一時台が一本、それから間が空いて四時台に二本といった具合である。五時二十一分にナポリ行きがあった。林さんは、あるいはこれでローマへ行こうと思っていたのかも知れない。

ヴェッキオ橋

朝レストランで西条夫妻と一緒になった。「調子はどうですか」と尋ねると、ご主人は「ありがとう。ぼちぼちですわ。えーと、なんでしたっけ……。ああ、そうそうヴァヴェーネ」と笑いながら、昨日教えてもらった言葉を早速使う。「そんな使い慣れない言葉、やめとき。私より寝てばっかりのくせに」奥さんが横から突っ込む。二人とも、ローマより少しは元気なようである。ぼくがそう伝えると、西条さんは、「昨日も昼寝したたし、二人でゆっくりしてますわ。とにかく部屋が広いのがなによりですわ。広いと落ち着きますすな」と答え、その後、急に真顔になった。「中津さん、ここの冷蔵庫大分荒らしてるんですが、高いんでっしゃろな」

今日（ツアー七日目）は、終日自由行動の日である。ホテルを出ると、ぼくらは路地をわざとジグザグに歩いて行った。それでも、ほどなくアルノ川に出た。川はとても静かで、川沿いの建物の影を穏やかに映し出している。そんな中、一艘のカヌーが、気持ち良いスピードで川を下って行った。後には小波の余韻が残っている。

フィレンツェには全部で十の橋が架かっている。どれも橋桁下には三つのアーチを持っていて、今し方のカヌーもその真ん中を潜り抜けて行った。また、どの橋も欄干が低く、歩いている人の上半身がよく見える。欄干に気軽に腰掛け、川に足を投げ出している人もたくさんいる。

そんな中で、今ぼくらの視界に入ってきた橋は、とても風変わりな装いを見せている。欄干のあるべき所に、なんと小さな家がずらりと並んでいるのだ。もっと正確にいえば、家々は、川面にせり出すように橋にぴったりしがみ付いている。まるで川の上に架かった長屋とも言うべき光景である。この橋がヴェッキオ橋である。

ヴェッキオ（古い）橋は、名前の通りフィレンツェで一番古い橋で、初代は古代ローマまで遡《さかのぼ》る。今の橋は、一三四五年に架けられたものだという。当時は肉屋や鞣革屋が並んでいたらしいが、汚物を垂れ流して悪臭がひどいというので、十六世紀末に金銀細工の店に限るという通達が出たそうである。

橋を渡ってみるが、両側に店が立ち並んでいるので普通の商店街を歩いているのとなんの変わりもない。ただ、こんな商店街にはちょっとお目にかかれないだろう。十六世紀のお触れ通り、並んでいる店はすべて金銀細工や貴金属、宝石類の店なのである。まるで道具屋筋のジュエリー版のようだ。

それぞれの店が、ピンクやブルーのそれこそ宝石箱のような陳列ケースに、眩いばかりの指輪、ネックレス、ブレスレット、イヤリングなど、ありとあらゆる種類の装飾品や宝石を並べている。これだけ揃うと、ある意味では拷問である。なにしろ一つのものを選ぶにも目移りが激しく、たいへんな労力を要しそうだからである。ここで買い物をしようと思えば、最低半日は覚悟する必要があるだろう。

店の中を覗いてみると、どの店も狭い売り場に精一杯磨きをかけ、心地よい雰囲気を作りだそうと懸命である。木のカウンターや陳列ケース、商談用の小さなテーブルなどはぴかぴかで、まるで鏡のようである。もちろん、塵一つ落ちていない。また、店内を広く見せるためだろう、不要なものは一切置かれていない。

そんな中、オーナーや店員が、愛想よく微笑みを浮かべて客を待っている。ふと、木枠の窓に眼をやると、その向こうに青い川面が見え、ここが橋の上であることが再認識される。

それにしても、老いも若きも女性達の目はショーウインドウにぴったりと吸い寄せられている。中には、目が血走っている人もいる。光子には可哀想だったが、今回は何も買わなかった。それでも、一時間くらいはここで費やした。彼女によると、デザインのユニークなものがとても多いという。それぞれの店に個性があって、みんな斬新なデザインなのだそうだ。ここで買い物をするとしたなら、値段で迷うというよりデザイン選びで悩むだろうというのが、彼女の弁である。

橋の中央部は商店が途切れており、川面を吹き抜ける風が心地よい。ここからは、川の上下流や街の南に拡がる青緑の山々がくっきりと見える。また、両岸に連なるクリーム色やオレンジ色の建物群も鮮やかである。下流側に、髭面で少し厳《いか》めしい表情の胸像があった。これは、「ペルセウス像」の作者チェッリーニである。

さて、この橋にはもう一つ珍しいものがある。それは上流側の商店の二階を通っている空中回廊である。これは、ピッティ宮殿がメディチ家の住居となった十六世紀半ばに、コジモ1世が造らせた「ヴァザーリの回廊」である。回廊は、ピッティ宮殿とその対岸のウフィッツィ美術館（元はメディチ家の事務所）、ヴェッキオ宮殿を結んでいる。つまり、メディチ家のためだけのプライベートな廊下なのだ。その距離、約一キロ。公国の主になったメディチ家の権力が実感できる。

その回廊は、アルノ川を渡ると一つの塔にぶつかって、そこを迂回している。この塔は、マンネッリ家所有のもので、彼らは回廊の通過に応じなかったのである。コジモ1世の治世下、なかなか見上げた根性である。

その後回廊は、ピッティ宮殿に到着する前に、サンタ・フェリチタ教会の二階にも接続されている。メディチ家の人達は、廊下一本でミサにも参加できたわけだ。

それにしても、回廊にヴァザーリの名前が冠せられていることが、ぼくはなんとなく嬉しかった。彼はメディチ家のお抱え芸術家だから、フィレンツェでは至る所で名前が出てくる。だが、絵画や彫刻ではダ・ヴィンチやミケランジェロに圧倒され、どうしても影が薄い。そんな中、この回廊だけは彼の存在を嫌が上でも思い出させる。

手袋店

ヴェッキオ橋を戻って、ウフィッツィ美術館の裏手の方へ曲がろうと思ったのだが、その方面は爆弾テロの後始末のため、まだ通行できなかった。仕方なく、橋に続く大通りを直進して少し脇道に入った。

すると、女物の手袋をカラフルに陳列している小さな店があった。ピンク、赤、黄、グリーン、紫など原色のものが目を引く。デザインも、手首の所に蝶々のようなアクセントの付いたもの、肘まで届く長いもの、メッシュ地のものなどが、小さなショーウインドウに魅力的に並べられている。品は全部革のようである。値段も安く、何人かのお土産にいいかなと思って、ぼくらは店に入ってみることにした。

中は、ほんの二、三坪ほどの横に細長い狭い店である。日本人は殆ど訪れたことがないと見えて、カウンターの向こうに数人いる女店員達がみんなどぎまぎしているのがわかる。光子が「エクスキューズミー」と声をかけると、英語がわかるらしい若い店員が皆に押されて、カウンター越しに応対した。

彼女は少し固い表情で、前触れなしに「ファッツカラー?」と訊いてきた。光子が、「ブラック、レッド、アンドイエロー」と答えると、彼女は大きく頷いて、背後の全面棚の三箇所から、大きな畳紙《たとうがみ》（着物を包む厚めの和紙）のようなものを引っ張り出した。そのうちの一つを広げると、そこには黒の革手袋が折り重なるように一杯入っていた。彼女は「エクスキューズミー」と言って光子の指を握り、包みの中から大きさの合いそうなものを物色し始めた。

その間に、別の店員が布張りの小さな台のようなものを持ってきて、そこに肘を突くようにジェスチャーする。光子が言われた通りにすると、その店員はいきなり白い粉を光子の指に振りかけた。光子が驚いてきゃっと声を上げると、二人の店員は思わず顔を見合わせて笑った。光子も微笑む。これで、場の空気がなんとなく和んだ。

最初の店員は、畳紙《たとうがみ》の中からピックアップした手袋の五指の部分の一箇所一箇所に棒のようなものを突っ込んでいる。そして、台に肘を突いている光子の指にそれを丁寧に被せていく。全部すっぽり入ると、彼女は「どうだ」という表情をして光子の顔を見た。光子が「モアービガー」と言うと、彼女は別の手袋を取り出してまた棒を突っ込む。その間に、第二の店員が光子の掌を布できれいに拭いて、また粉をかける。こうしたことが何回か繰り返され、やっとぴったりの大きさのものが選ばれた。

大きさが決まると、今度はデザイン選びである。手首に蝶々のようなリボンが付いたもの、そこがメッシュ地になったもの、プリーツになったものなどが試された。結局は、最もオーソドックスなものを光子は気に入った。

最後は色の選択である。赤と黄色の全く同じサイズ、デザインのものが試された。応対している店員はその都度手袋の指の一つ一つに棒を差し込み、第二の店員は粉を拭き取ったり、またかけたりする。ぼくは、この律義さにすっかり感心してしまった。光子は、「まるでシンデレラの靴探しのようね」と、まんざらでもない表情だ。

最終的には、黒のオーソドックスなものを買うことになった。革の質はかなりいいものらしい。指にぴったりフィットし、柔らかく肌触りも良い。今度の旅行の中では、いい買い物の一つだったろう。これで、約二千四百円である。ぼくは、なんだか気の毒になってしまった。

だが、最初の目的だったお土産として四、五人分をまとめて買うというのは、ぼくにも光子にもできないような気がした。あれだけ一人一人の客に合わせて丁寧にサイズを計っているのである……。

ぼくらは後ろ髪を引かれながらも、店員達のこぼれるような微笑みに送られて、店を出た。

ランツィのロッジア（シニョーリア広場再び）

手袋店を東方向に進むと、すぐにシニョーリア広場だった。広場は今日もたくさんの人で賑わっている。

　ぼくらは、昨日ゆっくり見学できなかったヴェッキオ宮殿前の屋根付き柱廊の方に歩いて行った。これは、ランツィのロッジア（回廊）と呼ばれるもので、元々は雨の日でも市民が議論できるようにと、十四世紀後半に建てられた屋外集会場のようなものである。フィレンツェ人は、よほど議論好きだったとみえる。今は野外彫刻展示場といった趣で、人々は中に入り込み、彫刻を前後左右から自由に見学している。

　ロッジア中央の階段入口には、フィレンツェの象徴であるライオン像が左右に置かれていた。対の作品かと思いきや、向かって右側のものは二世紀頃のもので、左側は一五九八年に作られたものだという。なんという時間差だ。しかし、それがことさら特別なことでもなさそうなのが、いかにもイタリア的である。この二体のうちでは、二世紀のものの方が愛嬌があったように思う。

　ロッジアの左端には、例の「ペルセウス像」がどんと構えている。だが、右端にも目を引く風変わりな像がある。一人の男が女を抱え上げ、その下に屈んだ男がそれを見上げるという構図で、全体としては螺旋状に上昇していくように見える。これは、「サビニの女たちの掠奪《りゃくだつ》」（一五八〇年頃の作）である。ロムルスがローマを建国した時、女性が殆どいなかったので隣町のサビニから拉致した話に基づいている。

光子が思わず呟いた。「彫刻って、一人の人物でもバランスを取るのが大変なのに、三人の群像なんて至難の業だと思うわ」。ジャンボローニャ（コジモ1世騎馬像の作者でもある）は、これを一塊の大理石から彫り出したというのだから恐れ入る。

舞台の真ん中辺りには、四人の人物が複雑に絡んだ「ボリュクセネーの凌辱《りょうじょく》」（一八六五年ピオ・フェンディ作）がある。ギリシアの英雄アキレスを結果的に殺すことになったトロイアの王女ボリュクセネーが捉えられる場面を表したものである。これに至っては、立体バランスの極みとしか言いようがないのではなかろうか。

どれも、ギリシア神話やローマ伝説などを良く知らないと、どんな場面なのか理解し難い。ぼくは旅行から帰ってから一生懸命調べたのだが、先に知っていると味わい深さは格段に増すと思う。

それにしても、掠奪や凌辱、首斬りなどおぞましいシーンの作品をたくさん並べたものである。これらはコジモ1世治世後のものだから、明らかに力の誇示だろう。ただ、これらのテーマはずっと芸術の主題になってきたわけだから、われわれ観光客としては、内容自体はさて置いて芸術作品として淡々と鑑賞すべしということだろう。

ロッジアの最後列には、二人のサビニ人と三人のローマ人の等身大の女性像が置かれていた。ローマ人の一人は、あのネロ（第五代ローマ皇帝）の母親小アグリッピーナだという。これらは、発掘された古代ローマのものを修復したのだそうだ。

ということは、入口のライオン像だけでなく、このロッジアには、百五十年前のものから二千年近く前のものまでが雑然と混ざっていることになる。いやはや、イタリア恐るべしである。

さて、朝は曇り気味だったが、この頃にはすっかり天気もよくなって太陽が燦々《さんさん》と輝いていた。ネプチューンの噴水には小さな虹さえ見える。広場の一画では馬車が数台のんびりと客待ちをしている。カフェテラスでは、ゆっくりお茶を飲んでいる人、お喋りに夢中な人、居眠りしている人、それぞれのやり方でこのルネサンス発祥の地を楽しんでいる。

北側の一段だけ高くなった所には、若者を中心にぎっしりと人が座り込んでいた。みんな足を投げ出し、隣と喋っている人もいれば、何もせずにぼーっとしている人もいる。寝転がっている人もいる。キスをしている恋人達もいる。その後ろを、お腹の大きなおじさんがゆっくり散歩している。鳩が首を前後に振りながら、ちょこちょこ歩き回っている。なんと平和な光景か。なんと長閑《のどか》な人間模様か。かつて政争の舞台だったシニョーリア広場も、今ではすっかり泰平の世を象徴しているかのようである。

広場での昼食

こうした光景を光子がデッサンしていると、嵐山夫妻にばったり出会った。そこで、この歴史的重みのある広場で昼食をとることにした。ロッジアすぐ横のカフェテラスに入ると、飛ぶようにウエイターがやってきて、四人の席を作ってくれた。

お昼少し前なのでまだ客は少ない。店の看板にPIZZERIAと書いてあるので、試しにピッツアは大丈夫かと聞いてみるとOKである。四人で三種類のピッツアを頼む。茄子《なす》とトマト、マッシュルームとベーコン、アンチョビとオニオンの三種。それと、シーフードのリゾットを二人前。さらに、ビールと赤白のワインを頼む。

　ぼくらのすぐ目の前はヴェッキオ宮殿である。宮殿の壁の高い所には、トスカーナ大公国を構成していた各都市の紋章が鮮やかに嵌《は》め込まれている。高く聳える塔の先端には、ポールを登るライオンの姿も望める。そして、ダヴィデがいる。少し向こうには馬に乗ったコジモ1世もいる。こんな所で食事ができるのがイタリアなのだ。

　ピッツアはどれも美味しかった。焼き具合は香ばしく、載っているチーズもまろやかである。ただ、ピッツアの生地はとても薄い。少し厚めのクレープくらいしかない。その代わり大きさはかなりのもので、大きなお盆ほどある。

　ピッツアには全く切れ目が入っていなかったので、ぼくらはそれを八つの扇形に切った。生地が薄いので、ピースはふにゃふにゃして具がぼろぼろ落ちたりしたが、四人でダイナミックに食べた。

　しかし、イタリアのピッツアの食べ方は、ぼくらのそれとは違っているようだった。本来は、ナイフとフォークを使って細かく切りながら食べていくようなのである。というのは、ぼくらのちょうど横の席でピッツアを注文したイタリア人の母娘が、そのようにしていたからである。見ていると、彼女達は具をうまく調節しながら、ナイフとフォークを駆使してあちこちの方向に切っては口に運んでいる。時には、皿を回転させたりもする。

　仕事の関係でアメリカへ行く機会が多いという嵐山さんは、「ピザを扇形に切って、それを手でつかんで食べる習慣は、アメリカからではないか」と言う。手でつかむためには、生地も分厚くする必要がある。われわれ日本人に馴染のピザというのは、どうやらアメリカンスタイルのものらしい。

リゾットも美味しかった。これは、「ローマの街頭カフェテラスで食べたのが美味しかった」というぼくの話を思い出した夫人のリクエストで注文したものである。ローマのものよりトマト味がややきつめだったが、具のイカや貝の味が米によく染みている。米の炊き方やオリーブオイルの調合具合が、日本人と合うのかも知れない。

ウエイターはとても陽気で、ぼくのカメラを目敏く見つけると口笛を吹きながらやってきて、食事をしている四人を写真に収めようとする。バックにヴェッキオ宮殿を入れるために、彼は隣の店のカフェテラスにまで入り込んでいった。

ヴェッキオ宮殿

嵐山夫妻は今からヴェッキオ橋の方へ行くとのことなので、食後に別れた。ぼくらは、これからヴェッキオ宮殿の見学である。

ヴェッキオ宮殿は、ピッティ宮殿を縦にしたような風貌で、荒々しい石積みの外観は堅牢強固な要塞のように見える。そして、高さ九十四メートルもある威圧的な塔

が、非対称な位置に聳え立っている

建設は一二九九年からからカンピオの設計（これもカンピオだ）で始められ、一三一四年に塔を含めて一応完成した。その後増改築が続けられ、どんどん拡張されていった。特に、コジモ1世になってからヴァザーリによる大幅な改修が行われ、今見学できる場所は大体がその時のものだそうである。

この建物は、メディチ家の宮殿になる前はずっと共和国の政庁舎として使われ、現在もフィレンツェ市役所として現役だというから凄い。

宮殿入口では「ダヴィデ像」に迎えられる。この像は、建物の前に置かれる方が確かに安定感があるような気がする。メディチ家が君主になった時、自由と独立のシンボルではなくなったが、完璧な身躯とノーブルな顔立ちはまさに「文芸復興」の象徴である。その意味でも、ルネサンス発祥のこの場所が相応しいのではないだろうか。

入口の反対側には、「ヘラクレスとカクス像」がある。ヘラクレスが、牛を盗んだ大巨人カクスを取り押さえているシーンである。バンディネッリは、ダヴィデ像に対抗心を燃やしてこれを作ったらしいが、散々な評価だったという。確かに、斜視のように目の視点が定まっていない。また筋肉も誇張気味だ（チェッリーニは藁袋のようだと酷評した）。だが、成敗されたカクスの、いかにも情けなそうな表情が面白い。

玄関を入った所は、「ミケロッツォの中庭」と呼ばれる大きな吹き抜けである。中央の噴水の上には、ヴェロッキオの「イルカを持つ天使像」（レプリカ）が載っている。ごく小さなものだが、いかにも職人肌という渋い出来だ。噴水の周りは、壮麗な十本ほどの柱とそれに続くアーチからなる回廊になっている。柱には細工を施した金箔が貼られ、これが宮廷の雰囲気を醸し出している。

回廊の天井は、その当時流行りだったというグロテスク模様（アラベスク模様のように動植物を図案化した模様）で埋め尽くされている。グロテスクとは、奇怪ではなく洞窟の意味らしく、十五世紀にネロの黄金宮殿が土中（＝洞窟）から発掘され、そこにあった図柄が広まったのだという（ラファエロは、このような模様を好んだ）。

壁は、一面がフレスコ画である。これは、皇太子妃をハプスブルグ家から迎えるためにコジモ1世が命じたもので、オーストリアの都市を表しているそうだ。

中庭の階段を上った所が、三階まで吹き抜けになった「五百人の間」と呼ばれる途方もなく大きな広間である。54m×23mもある。共和政時代には会議場として使われていたが、現在でもフィレンツェの重要な公式行事や市議会の一部はこの部屋が使われるというから、驚きである。

天井画と壁画は、全てがヴァザーリとその弟子達によるものである。天井全面に広がる格子画の中で、中央の丸いものが「天使から冠を授かるコジモ1世」である。周りも全て彼を賛美する場面やメディチ家由来の人々の肖像画だというが、天井まで十八メートルもあるので遠過ぎてよく見えない。当時の人達はみんな視力が良かったのだろうか。それにしても、首がさぞ痛くなったことだろう。

壁画はフレスコ画で、正面に向かって左側がピサに対する勝利、右側がシエナに対する勝利を、それぞれ三面で物語っている。これにより、フィレンツェはトスカーナ地方全体を治めることになったのだ。

画には、夥《おびただ》しい数の人馬が描かれている。画面前方には、白兵戦を繰り広げる兵士達のかなり凄惨な場面もある。壁画の規模や、そこに描かれている戦闘シーンのダイナミックさには圧倒させられる（もちろん、それがこの壁画の目的である）が、こういう画は歴史的事実の伝承として淡々と見るしかない。なぜなら、一方にとっての勝利は、他方にとっては耐え難い屈辱になってしまうからである。

さて、シエナ攻略の画をヴァザーリが描いたのは十六世紀後半のことだが、その世紀の初め、まさにこの場所にダ・ヴィンチがミラノとの闘い「アンギアーリの戦い」を描いていたと言われている。その一部を模写したとされるルーベンスの画（人馬の激しい衝突が描かれている）も残っているのだが、その迫力や描写力には手に汗握るものがある。

しかし、ダ・ヴィンチは、それをフレスコ画としてではなく、油絵の具の研究をしながら描いていたようである。そのため、半分は流れ出してしまい、途中で断念せざるを得なかったと言われている。また、あまりにも凄惨なシーンが多かったこともあって、ヴァザーリはその画の上にシエナ攻略の画を描くように指示されたという。

だが、彼は尊敬するダ・ヴィンチの画を消すのに忍びなく、少しの隙間をあけて新たな壁を作り（なにしろ彼は建築家でもあった）、そこに自分の画を描いたのではないかと、長年主張している学者（セラチーニ博士）がいる。

つまり博士の主張では、シエナ攻略図の向こうにダ・ヴィンチの大作が残っていることになる（二〇〇七年イタリア文化庁はその事実を発表した）。博士の主張のきっかけは、シエナ攻略の右端の画の中央上方に描かれている小さな軍旗に、「探せ、さらば見つからん」という文字をヴァザーリが残していることによる。

ぼくらはそれを探そうと試みたが、優に十メートルを超える所に書かれているという小さな文字を見つけることはもちろんできない相談だった。だが、ガイドさんがこの話をかいつまんでしてくれた時に西条さんが思わず発した「それはえらいこってんな。別の展示場が要りますな」という言葉は現実味を帯びているような気がしてきた。

秘話は、さらに続く。ダ・ヴィンチが描いていたこの時、逆の壁では、ダヴィデ像を完成させたばかりのミケランジェロが「カスチーナの戦い」を手掛けていたという

のだ。つまり、二大巨匠の競演である。想像しただけでも、この広い空間に張《みなぎ》った
であろう、張り詰めた緊張感と息苦しさが思い浮かぶ。
ミケランジェロの方は、システィーナ礼拝堂の天井画のためにユリウス2世にロー
マに召喚され、当然画は未完に終わる。その下書きは、彼の才能を妬んだあのバン
ディネッリに切り刻まれたと言われている。
それにしても、このような秘話の方がその作品よりも有名になってくると、ヴァ
ザーリが気の毒に思えてくる。前にも書いたように、「ヴァザーリの回廊」に名前が
残っているのが、せめてもの救いである。

さて、シエナ攻略図の中央下には、体をねじった堂々たる青年が左足の脛で老人を
組み伏せている彫刻がある。ミケランジェロの「勝利像」だ。老人は、当時五十七歳
だったミケランジェロ本人だとも言われている。
さすがに迫力がある。しかし、この青年からは勝利の喜びが伝わってこない。それ
は光子も同じ感想だった。なぜだろう。片足で立っていて、不安定だからだろうか。
老人の上目遣いの方が鋭く見えるからだろうか。ミケランジェロはこの頃からマニエ
リスム（技巧的、作為的）の作風に変わりつつあったというが、それと関係があるの
だろうか。もしかしたら、フィレンツェの共和政が崩壊したことが影響しているのか

も知れない。

その横には、実に奇妙な彫像がある。ロッシ作「ヘラクレスとディオメデス像」である。これは、ヘラクレスが、人食い馬を飼っていたディオメデスを逆さに抱きかかえたものである。それだけでも風変わりなのに、逆さにされたディオメデスが相手の局所をむんずとつかんでいるのだ。投げ飛ばされる寸前に、わらをもつかむ思いで握ったのだろうか。この像に目がいった観光客達は、皆一様に失笑を禁じえなかった。

公衆トイレ

ヴェッキオ宮殿の一階には、ガイドさんがくれぐれもこの場所を覚えておくようにと言っていた、フィレンツェでは数少ない公衆トイレがある。男性トイレは混んでいなかったが、女性用はそうはいかない。光子が入った時には、七、八人の待ちができていたようである。それ自体は、何の変哲もない普通の光景である。

だが、彼女は、鏡に映る並んだ人々の姿を見て、唖然としたと言う。みんな髪の色が違う。その質も違う。肌の色が違う。目の色が違う。彼女の言葉を借りれば、まるで人種の展覧会のようだったとのことだ。

その時、彼女の後ろに並んでいたドイツ人らしき人が、地図を見せながらしきりにある場所を指し示すのだそうだ。何か言っているが言葉はわからない。ただ、彼女の仕草から推理すると、この場所にはどう行ったらいいのか尋ねているらしい。地図の得意な光子は行き方はわかるのだが、それをどう説明したらいいものか困っていた。

するとさらに後ろに並んでいた人が一緒に地図を覗《のぞ》きこみ、これまたわからない言葉（おそらくはスペイン語）で何か言い出したそうである。そして、手を空中に大きく動かしてジグザグを描く。どうやら順路を示しているらしい。ただ、方角を無視しているので、おそらく示した本人しかそこには行けないだろう。

そこで光子は、まずドイツ人をある方向に向けて、それから地図をその方向に合わせて回転させ、そして手でジグザグを示したという。すると、スペイン人が大きな声を上げながら、そうだそうだといった表情で頷く。ドイツ人もやっと了解したようで、その時には三人で思わず手を握り合ったそうである。トイレの待ち行列が作る国際交流の一場面であった。

ぼくはその間、ヴェッキオ宮殿とランツィのロッジアの間の通路に設けられているバリケードの奥を覗きこんでいた。そこにはウフィツィ美術館がある。本来ならこの通路は、美術館の見学者でごった返している筈である。だが今は、爆弾テロのため封鎖され、二人の警官が立っているだけだ。本当に残念至極である。

今し方も、一人のおじさんが警官に何やらしつこく言い寄っていた。若い方の警官がいろいろと宥《なだ》めていたが、最後には警棒で追い払う仕草をした。おじさんは、ぶつぶつ言いながら引き上げた。それでもまだ心残りなのか、時々後ろを振り返っては何事か訴えていた。いや、気持ちはよくわかる。

フィレンツェ点描

この後、ぼくらは、ドゥオーモの北にあるメディチ家礼拝堂、アカデミア美術館、できればサン・マルコ美術館まで足を伸ばそうと思っていた。そのためチェルキ通りを通ってドゥオーモ広場から抜けて行くことにした。

チェルキ通りは、大通りのカルツァイウォーリ通りに平行に走っているのだが、その趣は全く異なっている。石畳の道幅は狭いし、建物も古い石造りのものが多く、中世の面影を色濃く残している。ガイドさんが教えてくれた「塔の館」も幾つか望めた（高さは、周りの建物に揃えられていた）。中世の頃には、この辺りに貴族や有力な商人などが居を構え、そこら辺りを闊歩していたに違いない。なにしろ、北はドゥオーモ、南はシニョーリア広場という絶好のロケーションなのだから。チェルキというのも、有力者の名前らしい。

だが、今は、パン屋や八百屋や魚屋といった小さな店が並んでおり、庶民の街でもある。一言でいえば、裏通り、裏町といった風情である。

折しも、いかにも古色蒼然とした真っ黒な石壁の建物が見えてきたのだが、その一階は八百屋になっていた（看板はFruttaとなっていたから果物屋というべきか）。八百屋さんは、石の隙間に金具を差し込んだり、壁の割れ目に板を挟み込んだりして、実に器用に陳列台を作っている。そして、それらの上に仕入用の段ボール箱をうまい具合に載せて、そこに商品を一つ一つ丁寧に並べている。

それらの野菜や果物の色があまりにも鮮やかだったので、思わず足を止めた。赤いトマト、エンジのりんご、オレンジ、薄黄のグレープフルーツ、薄緑の洋梨、黄色や緑のピーマン、紫の茄子《なす》等々……。黒い壁とコントラストをなして、原色が一層際立っている。最初、色の鮮やかさといい艶の良さといい、プラスチックの作り物ではないかと疑ったくらいだ。

茄子は優に二十センチを超えそうな大きなものがあった。ピーマンもそれに負けないほど特大だ。品種が違うのか土壌のせいなのか、サイズの大きなものが多い。他には物凄くたくさんの種類の豆、豆、豆。さらには西瓜、白菜、アスパラなどが所狭しと並べられている。「野菜がこんなに綺麗で元気だったら、料理をする意欲も湧いてくるわね」光子が思わず呟いた。なるほど。それでイタリアの料理は美味しいのか。

その時、前から歩いてくる大原夫妻に出会った。ご主人は、大きな画用紙がそのまま入りそうなとてつもなく大きな黒の革鞄を肩から提《さ》げていた。彼は相当な長身だからいいけれど、普通の日本人が提げると、鞄が歩いているように見えてしまうだろう。日本ではまず売っていないサイズである。「そこの鞄屋で買ったんですよ。こんな大きなサイズは滅多にお目にかかれませんからね。でも、今ちょっと後悔してるんです。普段はやっぱり邪魔かなって」

奥さんが、量り売りで買ったというチョコレートを小さな紙袋から取り出して、二、三個分けてくれた。「ものすごく甘いですよ。あんまり食べると気分が悪くなっちゃうかも」。試しに一個食べてみると、確かに甘い。どうしたらこんなに甘くできるのだろうかという代物だ。ぼくは半分くらいでギブアップした。光子が残りを味見しながら奥さんと話している間に、ご主人はぼくに耳打ちして忠告してくれた。

「中津さん、ヴェッキオ橋にはもう行かれましたか。あそこにはあんまり長居しない方がいいですよ。奥さんに絶対何か買わされちゃいますよ」

「いや、なんとか被害無しで済みました」とぼくは笑って、逆に先程の手袋店を彼に教えた。

「ただしお土産品には向きません。奥さんにだけ、いいのを買ってあげてください」

彼らと別れてしばらく歩くと、井戸端会議にはもってこいの小さな広場があった。その奥に、周りより首二つほど背が高く、小さな窓のある古い石積みの建物が建っている。これは明らかに、塔の館である。

その横に、石積みの外観を揃えるように、半円筒形の建物が並んでいる。だが、土台の部分以外は石の黒ずみ方がずいぶん違う。また、所々に綺麗なコンクリートの地肌が覗《のぞ》いている。これはどうやら、古そうに見える石材をいかにもそれらしくタイル状に張り付けただけのようだ。中を覗いてみると、最新設備のホテルのようだった。

帰国後調べてわかったのだが、実はこれは、つい最近改装なった四つ星ホテル、ブルネレスキだった。もとは六世紀頃に建てられた教会で、その後「パリアッツァ」という女子刑務所だったこともあるらしい。ホテルの中には遺跡博物館もあるという。いや、イタリアの建物というのは、その出自《しゅつじ》といい使われ方といい、想像を遥かに超えた域にある。

ドゥオーモのクーポラ

そこから少し歩くと急に視界が広がって、思いがけずドゥオーモのクーポラが目に飛び込んできた。それも圧倒的なインパクトを持って……。この瞬間、ぼくはフィレンツェはダ・ヴィンチでもミケランジェロでもなく、間違いなくブルネレスキの街だと思った。

そして、それと同時にクーポラに上りたいという抑え難い欲求がふつふつと湧いてきた。光子に話すと、えーっという表情をしたが、彼女もまんざらでもなさそうだった。ただ、「アカデミア美術館だけはどうしても行きたい」というので、時を置かず、すぐに上ることにした。

クーポラへ上る構造は、サン・ピエトロ寺院のドームと殆ど同じである（というより、向こうがこちらを手本にしているのだ）。ただ、こちらはバシリカ自体も上っていかなければならないので、階段の数はより多くなる。その数、四百六十三段である。

最初は、真っ直ぐの階段がつづら折りのように続く。無論、人ひとりがやっとの幅である。そして、例によって暗い。所々にある小さな明かり窓が頼りである。それでも初めのうちは、比較的すいすいと上っていけた。だが、途中から螺旋階段になった途端、閉塞感が強まるのか、息が切れてくる。

やがて、クーポラの基底部に達した。今は工事用シートで向こう側が見えないが、ここは直径四十二メートルを超える巨大な吹き抜けになっており、サン・ピエトロ寺院と同様その周りをぐるりと周回するようになっている。シートの間から垣間見える床や説教壇は、遥か彼方である。何人か歩いている人も確認できたが、豆粒大の大きさだ。一方、頭上すぐの所には、本来はヴァザーリの天井画が迫っている筈である。

ここからは、二重構造になっているクーポラの隙間の空間を上っていく。この隙間は、石材を運ぶためのものであると同時に作業場でもあったのだ。さぞや多くの作業員達がここを通り、またこの周りに石を積み上げていったことだろう。

内壁と外壁は同時進行で造られたらしい。内壁の厚みは、一メートル半から二メートル。外壁は三十センチから六十センチだという。因みに、ローマのパンテオンのドームの厚みは、一メートル半から六メートルもある。

階段は前より心持ち広くなったような気がする。上から下りて来る人と擦《す》れ違うことができるからである。待機所のように窪んだ場所も所々に設けられていた。だがもちろん、どちらかがヤモリのように壁にへばり付かなければならない所も多い。

それにしても、こんな二重構造の工法を思いつくとは、ブルネレスキはただものではない。こう思った時、ふとある考えが頭を掠《かす》めた。もしかしたら、ピラミッドもこのようにして造られたのではないだろうか。

上方では、石がレンガに代わる。当然、石よりも軽いからである。飴色をしたレンガが、目地が揃わないように丁寧に互い違いに積み上げられている。だがよく見ると、水平方向だけでなく、縦に積まれた箇所もある。それも、階段状に一個ずつずらせてある。これは「矢筈《やはず》積み」といって、水平方向に広がる力を抑制するためらしい。

ブルネレスキは、このような方法を、ローマで古代建築を研究した時に柱と梁の秩序ある組み合わせ（オーダーという）から考えたという。すごい技術力である。そういう技術の結晶が、このクーポラには随所に隠されているのだ。

それにしても、異教の殿堂である古代ローマ建築など、当時誰も見向きもしなかった。それどころか、フォロ・ロマーノにあった建造物のように、教会を造るための石材としてさかんに破壊されていたのである。これを研究したというのだから、ルネサンス建築はまさに彼から始まったと言っても過言ではなかろう。

最後の急勾配の階段を上りきると、待ちに待った展望バルコニーが待っていた。ここにある張り出し柱は、大人二人が手を繋いでも届かないくらい大きい。デザインはそれこそ古代風で、上部には貝殻の模様が彫られていた。貝殻は再生の象徴らしい。

眼下には、もうお馴染みになった薔薇色のフィレンツェの都市芸術が三百六十度広がっている。すぐ横には、ジオットの鐘楼がすっくと真っ直ぐに伸びている。屋上には親指大の人々が見える。中には手を振っている人もいた。

ところで、ここから見るクーポラの傾斜は真下も見下ろせるくらい急で今にも滑り落ちそうである。そんな中、赤レンガの修復作業が行われていた。この急斜面に鉄パイプを組んで、板を通した足場を作っての作業である。だけど、休憩時間なのか、二人いる作業員のうちの一人はパイプに腰掛けていつまでもジュースを飲んでいたし、

もう一人は板の上でうつ伏せになって寝ているようだった。

夕食時にクーポラに上ったことを話すと、嵐山夫妻は絶句してすっかり呆れていた。林さんも「一回の観光で、クーポラとジオットの鐘楼のどちらにも上ったという人は、今まで聞いたことがありません」と言った。おかげで「高い所好きの中津夫妻」となってしまった（因みに、森田夫妻は「高い物（高価なもの）好き」のレッテルを貼られた）。

さて、通常は時間のない観光客にとって、ドゥオーモのクーポラとジオットの鐘楼と、どちらに上ればいいかという究極の質問にはどう答えたらいいだろうか。上からの眺めはどちらも同じだが、匂い立つようなクーポラが手に取る位置に見えるという点では鐘楼に軍配が上がる。ただ、クーポラに上ると、ドゥオーモの構造や大きさを実感できるし、なにより複雑な通路を通るわくわく感がある。

そこで、ぼくは次のように答えたい。フィレンツェに来る人の殆どがローマも見学するだろうから、フィレンツェではジオットの鐘楼に上って、クーポラ登頂はローマのサン・ピエトロ寺院に委ねるのがいいのではないかと。

旅の秘訣

ドゥオーモから下りると、ぼくらはアカデミア美術館に急いだ。ガイドブックには「入場を待つ見学者がいつも並んでいる」と書いてあるので、少し早足で行った。ところがである。誰も並んでいない。それどころかシーンとしている。え、なんで？　目まぐるしく頭を回転させ、もしやと思ってガイドブックを確認してみた。やはり……。今日は月曜日、休館日なのだった。ついでに調べてみると、メディチ家礼拝堂もサン・マルコ美術館も、午後は休館だった。落胆と共にクーポラに上った疲れもどっと出てきて、ぼくらはその場にへたり込んでしまった。

しばらくしてようやく気を取り直すと、すぐ近くにあった大きなバールのカフェテラスに入った。そこでは例によってたくさんの人がお茶を飲んだり、食事をしたり、お喋りに花を咲かせたり、あるいは居眠りしたりして時を過ごしていた。ここでは、誰が観光客で誰が普通の市民なのかもちろんわからない。中には、ぼくらと同じように、アカデミア美術館に行けなかった人もいるかも知れない。

席に着いた初めは、ぼくらの心は失意で占められていた。だが、冷たい飲み物で喉を潤しているうちに、徐々に気持ちが落ち着いてきた。そして、周りの人の表情を眺めたり、飛び交ういろいろな言語を聞くともなしに聞いたりしていると、いつの間にか、なんとも言えない心地よさで満たされてきた。おそらく、見知らぬ全世界の人達とこの時空を共有しているという一体感のようなものが生まれてきたからだろう。そういえば、ローマのスペイン階段でも同じような気分を経験した。

光子がデッサンを始めた。ぼくらは、不思議な安らぎと心地よい虚脱感から、一時間以上その店で過ごした。イタリア旅行では、見学のスケジュールをしっかり立てておかなければいけないという教訓もさることながら、このように世界中の人々に囲まれてぼーっとする時間も絶対に必要であると、ぼくは思う。

フィレンツェ最後の夜

この日の晩餐は、「レストランにてトスカーナ料理の夕食」となっていた。集合時刻の七時半少し前にロビーに下りていくと、嵐山さんが見知らぬ二人の日本人男性と話をしていた。先に来ていた大原さんが、「嵐山さんの会社の同僚だそうですよ。たまたま同じホテルになったんだそうです」と教えてくれた。

そして、「彼は、どうもパイロットらしいですね」と付け加えた。ぼくは「へー、そうなんだ」と頷き「なるほど、それで彼は英語が得意なのか」と納得した。またツアーの要所要所でメンバーの意向を林さんから委ねられた時、彼が中心になっててきぱきと判断してくれたのも頷ける。

　それにしても、職業がパイロットならばそれを喋りたくてたまらない人もいるだろうに、彼は一言も言わなかった。考えてみると、今回のツアーメンバー間には彼だけでなく、仕事や家庭のプライベートな部分についてはできるだけ触れないようにしようという暗黙の了解があったように思う。それは、みんなが次のことをよく知っていたからだろう。仕事の肩書や家柄などの自慢話をせずにおれない人が時々いるが、そう人がいると、団体行動の間中みんなが不愉快極まりない思いをするということを。

　ところで、今ぼくと大原さんの間では、嵐山さんの件がきっかけとなって自然に仕事の話が出てきた。

「中津さんは、何か教える仕事をされているような気がするのですが…。でも、学校の先生という感じは全くしない」という大原さんの鋭い指摘にぼくはびっくりした。隠す必要もないので、「実は、教育関連の会社で生徒に教える仕事をしています。夏からは管理の仕事が増えるんですがね」と答えると、「うーん、なるほど。そういうことですか」と、彼はいかにも納得したというように大きく頷いた。

　そして長い足を折り畳むように腰かけながら、今度は自分のことを話し出した。

「ぼくは親父の後を継いで鉄工所をやっているんです」。それを聞いて、ぼくはもう一度驚いた。他でもない。ぼくの頭の中では、鉄工所といえば西条さんで、大原さんとは全く結びついていなかったからである。

「じゃあ、社長さんなんですね」「一応そういうことになります。といっても小さな所帯ですから。それに親父もまだ生きていますから、実際には形だけなんですよ」

そして、端正な顔を顰《しか》めながら付け加えた。

「そんなわけで、新婚旅行ということもあって、土産物がたいへんなんですよ」

そのうち、みんなが揃った。森田夫人が皮革店で買ったという羽根付き帽子を被っていて、みんなに可愛いを連発されていた。最後にロビーに下りてきた西条さんが彼女をまじまじと見ながら「貴族が座っているのかと目を疑いましたよ」と、最上級の賛辞を贈った。

レストランはホテルからすぐの所なので、みんなでぶらぶら歩いていく。風邪気味だった林さんをみんなが気遣ったが、彼女は、「今日一日ゆっくりさせていただいたので、すっかり良くなりました」と礼を述べた。確かに、もう咳も出なくなっていた(それになによリ、パスポートの心配事もなくなっていたのである)。

今日はフルコースである。前菜は生ハムやサラミの盛り合わせだ。生ハムは豚のしゃぶしゃぶ肉のように柔らかく、ワインでぐいぐいやりたくなる。が、林さんが「メインディッシュに備えてくださいよ」と、みんなに注意を喚起した。

パンは、塩味の全くないトスカーナ地方独特のものである。表面は少し固いが、中は空気が抜けた穴がぽつぽつ空いていて比較的柔らかい。これをトマトソースでぐつぐつ煮込んだパン粥を冷やしたものが、プリモ・ピアット（第一の皿）である。本来は、固くなったパンを水で戻して作る田舎料理の知恵らしく、「貧しい料理」と呼ばれていたそうだ。だが、みずみずしい新鮮なトマトとニンニクの味が調和して、とても美味だった。

セコンド・ピアット（第二の皿）は、もちろんトスカーナ名物キアナ峡谷産牛の「ビステッカ・アッラ・フィオレンティーナ（フィレンツェ風ボーンステーキ）」である。塩、胡椒、オリーブオイルをまぶしただけのシンプルなものだが、素晴らしい味である。炭焼きで外はカリカリ香ばしく、肉の旨味を封じ込めている。中は柔らかくとろけそうである。これぞ正真正銘のジューシーさだ。これをなんと、一人七、八百グラムほど食べる。西条夫妻だけはちょっと大きめのもの（一キロ以上あり、普通はこれが一人前だそうだ）を二人で分けたが、みんなほぼ完食だった。まるで、喉越しの良さを至上命題としたような肉だった。

この間、西条さんが奥さんに、「食べられるか？　小さく切ってあげようか？　骨に気を付けなあかんよ」と細々声をかけていた。彼は体型に似合わず（と言っては失礼だが）、とても優しい。光子が奥さんに聞いた話では、二人は高校の同級生だそうである（実は、ぼくらもそうである）。

ワインは、もちろんこの地方特産で世界的に有名なキャンティである。特に、黒鶏（ガッロネーロ）のマークのついたキャンティ・クラシコをぜひ飲みたいと、西条さんも嵐山さんも楽しみにしていた（もちろん、ぼくもである）。これはフィレンツェ近郊の由緒ある葡萄園の葡萄を材料にしたもので、イタリアではDOCGという最高級の格付けに入っている。林さんが「値段が張りますよ」と忠告したが、わが御仁達はものともせず二本注文した。それ以外にも、デカンタに入ったレストランのオリジナルハウスワインを頼む。

ワインのことはよくわからないが、DOCGマークの付いたキャンティ・クラシコは、確かにコクのある味わい深い芳醇なワインである。ジューシーな牛肉にぴったりだというのは、素人のぼくでもわかり過ぎるほどよくわかる。

だが、レストランのハウスワインも特に遜色あるようには思えなかった。それはどうやらぼくだけの感想ではなかったようで、西条さんは、

「別にハウスワインでも十分ですな」と歯に衣着せずはっきりと言った。さらに、

「むしろ、キャンティの方がなにか古臭いような味がしますな」

「ここのハウスワインが美味しいというべきなんでしょうね」と嵐山さんが補足する。いずれにしろ、世界の名品談義ができるというのは、この上ない幸せである。

この後、緑白赤（イタリア国旗の三色）三種盛りのジェラートが皿に溢れんばかりのボリュームで出された。それぞれペパーミント、ココナッツ、イチジクの味である。これを少しずつ、何順にも味わう。みんなの顔がほころんでいる。

レストランを出た時、西の空の一画にまだ明るさが残っていた。そこには吸い込まれそうな、怖ろしいほどの深さの藍色が広がっていた。森田さんの口から、「地中海ブルー」という言葉が洩れた。彼は、ぼくの方を見て、「あの（ピッティ宮殿の）大理石の色ですね」と言ったが、その声は上擦《うわず》っているようだった。他のメンバーもみんな感嘆して、しばらくはそこを動けなかった。

確かに身震いするほどの美しさだった。だが、ぼくはその時その深い色合いからか、なんともいえない寂寥感に襲われていた。それはおそらく「この旅ももう終わりに近づいてしまった」という感傷だったのだろう。旅行は最後の二日は機内なので、残るは移動日の明日とヴェネツィア二日間の正味三日だけになっていた。

ぼくは、元来が悲観的な質で、コップにジュースが八割くらい入っていても「もう二割も飲んでしまった」と思ってしまうタイプである。光子は全く逆の性格で、ジュースが二割くらいしか残っていなくても「まだまだこんなにある」と考える人種である。血液型は同じB型なのに、なぜこんなに違うのだろう。

暮れなずむ地中海ブルーの空を見ながら、ぼくが光子に、「十二日のうち、あと正味三日だけになってしまったね」と言うと、彼女は、「明日からはいよいよヴェネツィアね。どんな所か今からわくわくするわ」と相変わらず胸をときめかしている。

この夜のぼくの気持ちに一番近かったのは、おそらくは大原さんだったろう。食事の後、西条夫妻を除くみんなで近くのバールに飲みに行った時のことである。彼は元々そんなにアルコールは強くないのだが、この二、三日食事の度に、「皆さんのおかげでずいぶん鍛えられました」と言ってはよく飲んでいた。顔はすぐに赤くなったが、足元はふらつかなくなっていた。それが、この日は少し違った。

バールではめいめい勝手なものを注文した。ウイスキーあり、バーボンあり、三色旗の色のカクテルありである。林さんが例のパスポート紛失事件を披露し終わって、みんなが雑談に花を咲かせていた時だ。ぼくの横に座っていた大原さんが、何の脈略もなく突然、「中津さん、もうすぐ日本に帰らないといけませんね。ぼくはもっともっとイタリアにいたいです。もう一度この旅行をローマから始められませんかね」と言い出したのである。ぼくが「そうですね。ぼくも同じようなことを考えていましたよ」と相槌を打つと、彼は、「そうでしょ、そう思うでしょ」と言いながらバールの椅子にしがみついた。そして、「楽しいことはすぐに終わってしまう。ぼくは帰ったら、十人の従業員の面倒をみなきゃならないんですよ」と呟きながら、フィレンツェ最後の夜を酔い潰れてしまったのである。

ラヴェンナへ

今日はツアー八日目。モーニングコールは六時半。荷物を七時十分までに廊下に出して、八時に集合である。ロビーに集まった時、大原さんが、

「二日酔いで頭が割れそうです」と顔を顰《しか》めていた。嵐山さんが、

「昨日の夜、三人掛かりで君を運んだのを覚えていますか」と尋ねると、彼は、

「そうらしいですね。何も覚えていません。ご迷惑をおかけしました」とぺこりと頭を下げた。だが、その途端、「いたたた」と頭を抱え込んでしまった。

「荷物の整理、一人でたいへんだったでしょう」光子が奥さんに尋ねると、

「服を脱がせるのがものすごい重労働でした」と、奥さんは彼の方をちらりと見た。

新しい運転手さんと挨拶を交わし、バスは快適だったホテル・ヴィラ・メディチを後にした。今からラヴェンナへ向かい、夕方にはヴェネツィアへ入る予定である。

ラヴェンナはアドリア海に面する小さな街で、フィレンツェの北東、直線にして百キロの位置にある。ただし、バスはボローニャを経由するので三時間弱かかるらし

い。これらのことを林さんがアナウンスしていたのだが、ぼくの頭はラヴェンナについては全くといっていいほど反応していなかった。

だが彼女が、「ラヴェンナは西ローマ帝国の首都にもなった古い街です。また、ビザンチン文化を代表するモザイクでも有名です」と言ったあたりから、少しだけ記憶が戻ってきた。例のボロボロの教科書をあちこちめくると、それこそモザイクのピースが埋まっていくように少しずつ歴史が繋《つな》がっていった。

確かに、ラヴェンナは、西ローマ帝国（四一〇年以降）、オドアケル王国、東ゴート王国の首都だった（思えば、大学入試によく出たものだ）。そして、東ローマ帝国（ビザンチン）がかつてのローマ帝国領の失地回復を一時果たした時、総督府が置かれて街は繁栄する（六世紀）。

その後フランク王国の時代になると、ピピンがラヴェンナ太守領を教皇に寄進して（七五四年）、これがローマカトリック教会独立の現実的な力となる（教皇が世俗的君主になる）のだ。このように、実はラヴェンナはイタリア史上（というより世界史上）かなり重要な街なのである。

フィレンツェからラヴェンナへ行くには、アペニン山脈を越えなければならない。バスは高速道路1号線でそれを越えてボローニャに入り、そこから別の道路に乗り換えることになる。あるガイドブックには、「冬にこの山越えをすると、気候や光の色ががらりと変わるのがわかる」と書いてあった。すなわち、乾燥した温暖な地中海性気候から、湿気の多い骨身に沁みるほどの寒さに一変するというのである。

しかし、初夏である今は変化は全くなかった。確かにローマの暑さに比べれば、ラヴェンナもヴェネツィアも幾分かは涼しかった。だが、空気が湿っぽくなったとか光が弱くなったということは、少なくともぼくには体感できなかった。

また、アペニン山脈の山越えもいつの間にか終わってしまったというのが正直な感想である。バスの車窓には山々が次々と展開していったが、そそり立つような険しさは全く無かった。沢も道路の左右を行ったり来たりはしたが、大体が浅いものばかりで断崖などは認められなかった。高速道路は、いともあっさりとアペニン山脈を超えてしまったのである。

ラヴェンナで迎えてくれたおばさん

順調な走行のおかげで、ラヴェンナには十時半頃に着いた。だが、この街の観光はツアーには含まれていない。昼食をとるだけで、あくまでもヴェネツィアへの経由地ということになっているのだ。その昼食までには二時間もある。それまでは自由時間だ。

バスは、最大の観光スポットであるサン・ヴィターレ教会近くのサッフィ門（街の北西部）に停車した。すると、一人のおばさんがつかつかと寄ってきて、バスの扉越しに何か言い始めた。林さんは扉を開けて話を聞いていたが、やがて大きく手を振りながら、しきりに「ノン、ノン」を繰り返している。

おばさんは一旦向こうへ行きかけたが、納得しかねるといった表情でまた戻ってきて、再び林さんに言い寄っている。その口調はそんなに激しくはないのだが、いつまでもねちねちとしつこい。

そのうち、ようやくおばさんはぶつぶつ言いながら向こうへ歩いて行った。林さんは、彼女にしては珍しく憤懣やるかたないといった表情で運転手と何か喋っていたが、気持ちを切り替えるようにぼくらの方に向き直って「大変お待たせして申し訳ありませんでした。今からサン・ヴィターレ教会の方へご案内いたします」と言った。

彼女は道すがら、今のやりとりについて説明した。あのおばさんはイタリア人ガイドで、「この街を観光するならイタリア人ガイドが必要だ。日本人のガイドが勝手に説明して回ったら法律違反だ」と言うのだそうである。実際のところそれは正しく、例えば林さんが説明しながらこの街を案内したら、二十万円近い罰金を取られるそうである。さらに、会社に対してもきついお咎《とが》めがあるらしい。

そこで彼女は、「ここは単なる経由地で、私達は昼食をとるだけだ。ただ、それまで時間が少しあるから、自分がサン・ヴィターレ教会までみんなを連れて行き、あとは皆さんにそれぞれ自由行動をとってもらう予定だ」と説明した。

だが、おばさんは納得せず、「いや、あなたがガイドするつもりだろう」としつこく食い下がり、最後には当局に通告すると脅しまでかけてきたそうである。

「こんなことは今までに一度もなかったのですけれども」と、林さんはまだ溜飲が下がらないといった様子で話した。

「ただ、実際問題としてあのおばさんが言うように、イタリア人ガイドなしで私がこの街で説明することはできません。それに、ここは元々自由観光になっておりますので、希望者の方だけで見学してください。入場料は各自の負担となります」。そうは言いながらも、彼女はその後少し声を落として、

「サン・ヴィターレ教会のモザイク壁画は傑作中の傑作です。みなさんどうぞできる限りご見学ください」と付け加えた。

それにしても、二十万円の罰金とはなかなか手厳しい。当局は、イタリア人ガイドの雇用確保をなにより優先的に考えているようである。嵐山さんが、

「林さんはここにいてください、何か言われたら困りますから。ぼくがみなさんの入場券を買いますから」と申し出たが、彼女は、

「ありがとうございます。でも多分英語は通じないと思います」と言って、われわれ

を教会まで誘導した。その距離、わずか二、三分だった。

教会の敷地は薄いサーモンピンク色の石壁で囲まれていて、明るく落ち着いた雰囲気だった。国立博物館やガッラ・プラチディア廟も同じ敷地内にある。驚いたのは、掲示板に小樽市の観光ポスターが貼ってあったことだ。どうやら姉妹都市らしい。

入場券を林さんが買った時も、「あなたはガイドではないのか。イタリア人ガイドはどうしたのか」と突っ込まれたそうだ。彼女は「自分はここまで案内しただけだ」ということを説明して、そそくさとバスに戻った。それでも、しっかりアドバイスを忘れなかった。「みなさん、ガッラ・プラチディア廟の方も必ず見てください」

彼女は、例のおばさんがあることないことを当局に言いつけないか心配でサッフィ門でずっと待機していたそうだが、おばさんの姿はその後は見えず、何事もなかったようである。

サン・ヴィターレ教会

サン・ヴィターレ教会は、殉教者聖ウィタレス（ミラノの商人で、生き埋めにされたという伝説がある）に捧げられたと言われている。だが、この聖者は当時でも殆ど知られていない存在で、なぜこのような大規模な教会堂が建てられた（建造は六世

紀）のか、今でもよくわかっていないという不思議な教会である。

建物は、教会にしては珍しい八角柱の形状である。一、二階は八面に三つずつアーチ窓が並び、その上に各面一つ窓の小さな三階が載っている。外壁はレンガを積み上げただけのシンプルなもので、装飾は全くない。その代わり、つっかえ棒のような柱が斜め方向に張り出していたり、無理やり建て増したような部分が横に繋がっていたりする。一言でいえば、外見は不格好である。

しかし、一旦内部へ入ると、そこには外観とは全く違う華麗な世界が展開されていた。まず、凝った装飾の大きな柱や梁とそれに続くアーチが、高い高い天井へ縦横無尽に広がっている。玄関から続く間はレセプションロビーのような趣で、その外側七方向はそれぞれが天井まで届く半円に窪んだ礼拝堂のような構造になっている。

そして、壁面は圧倒されるほどのモザイク画で埋められている。主祭壇の一番上には、髭がなく、柔らかな物腰のキリストを中心に、聖ウィタレスやこの教会の建設を始めた司教などが描かれている。その周囲は、実に鮮やかな緑や青色で彩られた牧歌的な旧約聖書の世界である。

しかし最も有名なのは、側面にある「ユスティニアヌス帝とその随身たち」および「皇妃テオドラと随身侍女たち」であろう。ビザンチン（東ローマ）皇帝ユスティニアヌスは、六世紀の一時期ではあるが、旧ローマ帝国の地中海領土の大部分を取り戻した。また、「ローマ法大全」の編纂でも知られる。世界史の教科書には、必ず彼の顔写真が載っている。その顔は他でもない、このモザイク画なのである。

それにしても、これらの壁画が何百万、何千万個という色ガラスや大理石の欠片《かけら》から造られていると思うと、気が遠くなりそうである。しかも、ダンテが「色彩のシンフォニー」と表現した通り、本当に色とりどりの欠片が使われている。そして、それらが薄日の当たり方によって様々に輝く。ぼくらはみんな、声をかけあうのも忘れて一心に見入っていた。二日酔いの大原さんも今はそれを忘れているようである。

ところで、ユスティニアヌスやキリストなど、ここに描かれている人物はみんなオリエント風である。ここはまるでトルコ辺りの宮殿かと錯覚してしまいそうなくらいだ（ビザンチン帝国が東方文化圏にあったことがよくわかる）。だが、いったい何がそう感じさせるのだろうか。フィレンツェのサン・ジョヴァンニ洗礼堂のキリストも東方的だった。あの時は、直毛の髪や髭にその原因があったように思う。

しかし、ここはそれとは違う。光子といろいろ考えを巡らしてみた結果、その秘密は「目」にあるような気がする。モザイク画の人物達はみんな、円《つぶ》らな黒い瞳をぱっちりと見開いている。その瞳が、なにかしらオリエント的なエキゾシチズムを放っているようなのだ。

ガッラ・プラチディア廟

砂利道の向こう側にガッラ・プラチディア廟（といっても彼女はここに葬られていない）があった。彼女は、ローマ皇帝テオドシウス（彼の死後、三九五年に帝国は東西に分裂）の娘で、初代西ローマ皇帝ホノリウスの妹である。

この建物は、サン・ヴィターレ教会よりさらに百年ほど前の五世紀のものである。積まれたレンガは教会のそれより粗くて大きく、いかにも古い古い時代のものという感じだ。建物は十字の形をしたほんの小さなもので、交差した所が二階建てになっている。外観だけからするとまるで敷地の隅に忘れ去られた蔵のようである（ただしヴィターレ教会とは無関係で、今はもうなくなった別の教会の付属物だったらしい）。とても小さな建物なので二、三十人の少人数ごとに中に入るようになっており、ぼくらは少し待たされた。中は外観からは想像もつかないような世界が広がっていた。壁という壁は、ラヴェンナ最古といわれるモザイクでびっしり埋め尽くされている。

そして、その色がなんとも言えない。中でも、ドームの天井の深い藍色は、今にも引き込まれそうな地中海ブルー（フィレンツェ最後の夜に見た、まさにあの色だ！）で、息を飲むほどの美しさだった。ぼくは思わず森田さんを見た。気のせいか、彼は口元が震えているようだった。この藍色は夜空を表現し、そこに満天の星を表す金色の石片が散りばめられている。そして、その中央には、やはり金色の十字架が配されている。ぼくらの少し後で入ったドイツ人の団体のガイドさんがそこに懐中電灯を当てると、この世のものとは思えない幻想的な世界が浮かび上がった。

壁面の画では、絶妙な構図と言われる「善き羊飼い」が有名である。羊飼いはキリストを表し、羊達がみんな頭をもたげてそちらの方を見ている。この羊の頭が爬虫類的で少し怖かったが、全体的には牧歌的な雰囲気が漂っている。

堂内はとても狭いので、これらのモザイクは間近に見ることができる。しかも一枚一枚手で貼られたそれらは、光線の具合で色彩が微妙に変化する。ぼくらはいつの間にか、先程のドイツ人の団体にあたかも同じグループであるかのようにぴったりくっついていた。そしてガイドさんの懐中電灯の光が織りなす幻想的な情景に酔いしれた。

ラヴェンナの街並み

外に出ると開口一番、森田さんが興奮冷めやらぬ様子で言葉を発した。「すごい色でしたね。特に藍色には身震いしましたよ」

ラヴェンナには、この他にもモザイクの見所がたくさんあるようだ。しかも、本家のビザンチンでは偶像禁止令が出された影響でどんどん破壊され（キリスト教は本来偶像を禁じている）、保存状態はこの街のものが一番良いといわれている。

サン・ヴィターレ教会とガッラ・プラチディア廟を見終わると、集合時間までには四十分くらいしかなかったので、国立博物館はパスすることにした。

ここで、森田夫妻はモザイクの店を見に行くと言い、大原さんは頭をしゃきっとさせるためにジェラートを食べて来るとのことだったので、新婚組とは別行動になった。残ったぼくら三組は、街をぶらぶらすることにした。

本当を言えば、ぼくは少し足を延ばして、ダンテの墓（そこにあるランプには永遠の火が灯り、その灯油は彼を追放したフィレンツェから毎年送られてくるそうだ）を見に行きたかった。ラヴェンナは小さな街なので、急ぎ足で行けば十分かそこらで行ける筈である。だが、熟年組もいることなのでダンテの墓参は諦め、みんなと一緒に散歩をゆっくり楽しむことにした。

ラヴェンナは人も車も少なく、その上道路も広くてゆったりしている。建物の壁は薄ベージュや薄茶色、サーモンピンクなどが多く、街並みはとても明るい。また、この一画の家々（殆どが二階か三階建てである）は、近年多くが建て替えられたのか古そうなものがあまりない。一言でいえばモダンな街並みである。だが、それでいて通り全体に落ち着いた風情が感じられるのは、やはりここが古都だからだろうか。

ある通りには、ニセアカシア（針槐）が街路樹として植わっていた。二階の屋根まで届くそれらの木々には、白色の花が満開だった。ぼくらは、この通りで代わる代わるスナップ写真を撮った。それから、ぼくと西条さんが先頭になってこの美しい通りをゆっくり歩いて行った。

その時、彼がいつになくしんみりした口調で「日本に帰ったら、女房の手術が待っています」と話しかけてきた。肝臓を含むかなり大掛かりな手術らしい。

「ひょっとしたら、手術のままあの世ということもあるかも知れんのです。冥途の土産になってもいいようにと、思い切ってイタリアに来たんですが、やっぱりきつかったですわ」と心細いことを言う。もしかすると、ニセアカシアの切ない香りが、彼を感傷的にさせていたのかも知れない。

　ぼくは何と答えていいかわからなくて、後ろを歩いている奥さんの方を振り返ってみた。奥さんは光子と並んでゆっくり歩いていた。顔色は確かにあまり良くないが、足元はしっかりしている。「でも、奥さんしっかり歩いてはりますよ」とぼくが言うと、「中津さんの奥さんにはずいぶんよくしてもらった、とあれが話してました。どうもありがとう」と、なおのことしめやかになってしまった。

　しばらくは、お互いに無言で歩いた。やがて、彼の方から再び口を切った。

「中津さん、もうすぐ旅も終わりですね」と、今度は昨夜のぼくや大原さんの心境に近い話である。「日本に帰ったら仕事が溜まってるんじゃないですか」と彼は言葉を重ねてきた。大原さんといい西条さんといい、旅行が三分の二くらい経過した時点で日本人はどうも仕事のことが気になるものらしい。

　勤勉さで日本人とよく比較されるドイツ人は、長期休暇を一年に一回、最低でも三週間は取るという。そして、最初の三分の一は仕事の疲れを癒し、次の三分の一で休暇を楽しみ、最後は次の仕事に備えるという。日本人の場合はなかなかそうはいかない。二週間の長期休暇が奇跡的に取れたと思うと、新婚旅行に間違えられる。帰国すると、間髪を入れずに仕事が待っている。なんとかならないものだろうか。

ぼくがそんなことを考えて歩いていると、西条さんが急に、「私は帰ったら社長と喧嘩ですわ」と言った。ぼくは思わず「え？」と聞き返した。彼の話によると、彼は元々は銀行マンだったそうである（ぼくの眼力もずいぶんいい加減なものだ）。そこから出向して、今は化粧品会社の監査役になっているという。まずまずの規模の会社なのだが、同族会社で不明瞭な使途金が多いらしい。深刻な不況下、このままでは会社の経営危機に繋《つな》がりかねない。

「株主総会を前に、クビを覚悟で最後のご奉公ですわ」

その頃には少し離れていた嵐山さんもいつの間にか追いついて、「それはたいへんですね」と口を挿んだ。この後しばらくは自然と仕事の話になった。嵐山さんがパイロットだということを聞くと、西条さんは「へー」と驚き、間髪を入れずに誰もが予想しなかった質問を発した。「嵐山さん、ハイジャックに遭ったことはありますか」

その時には、屈託のないいつもの表情の彼に戻っていた。

集合場所のサッフィ門の近くまで戻ると、モザイクの小さな販売店があった。ガラス越しに覗《のぞ》くと店の中では、中年のおじさんと比較的若い女性がモザイクの壁掛けを実際に制作していた。嵐山さんが扉を開けて、見学してもいいか英語で尋ねてくれた。すぐさま、ＯＫという返事が返ってきた。

作業台に置かれたたくさんの器の中には、一センチ角ほどのカラフルな石片が色ごとに分けて入れられている。おじさん達はこれらの欠片《かけら》を、形、大きさを選びながら今制作中の作品の隙間に埋め込んでいく。欠片をあちこちにあてがってみたり、回転してみたり、裏返してみたり、まさにジグソーパズルの世界である。どうしても適当なものが見当たらない場合は、鑿《のみ》で角を削ったり割ったりする。

今おじさんが制作中なのは、水差しの水を飲む鳥の絵柄である。青、薄緑、白、そしてアクセントにオレンジの大理石が使われている。輪郭部がだいたい完成しており、あとは内部を埋めていく作業である。大きさとしては六号（葉書六枚分）くらいだろうと思うが、根気のいるたいへんな仕事である。このようにして教会内部を一つ一つ装飾していったのかと思うと、気が遠くなりそうだ。「とてもじゃないけど、私には絶対無理だわ」と、嵐山夫人が顔を顰《しか》めている。それに対して、「私はやってみたいわ」と呟いたのは西条夫人だった。

店内に陳列してあるものを見てみると、図柄としては十字架に星をあしらった単純なものから聖人の肖像、風景画までいろいろである。大きさも、葉書大から三十号くらいまで様々だ。記念に一つ買って帰ろうと思ったのだが、持ってみるとかなり重くて断念した。

サッフィ門にはバスと共に林さんが待機していた。しばらくすると、森田夫妻が戻ってきた。手には包み紙を持っていて「中津さん、あの地中海ブルーを手に入れましたよ」と興奮気味だ。どうやら、どこかの店でモザイクを買ったものとみえる。そして、それをみんなの前でわざわざ披露してくれた。ほんの一号大の小さなものだったが、確かにあの深い深い瑠璃色だ。吸い込まれそうな色合いである。中央に小さな金色の十字架があり、幾つかの星も埋め込まれている。みんな、「うーん」と唸った。珍しく、西条夫人が身を乗り出している。しかし、森田夫人は不満気だ。

「ものすごく高いんですよ。同じ青色なのに、値段がピンからキリまであって」

「この色じゃないとダメなの」ご主人はご満悦である。

そこに大原夫妻も帰ってきた。こちらは、「モザイクを十個ほど買おうと思ったのですが、重たくて」と、相変わらず土産が気になるらしい。嵐山さんが、

「二日酔いはどうですか」と尋ねると、「まだ、頭が痛いです。今日の昼は飲まないことにします」と顔を顰めた。「当たり前でしょ」奥さんが横から畳み掛ける。

魚料理の昼食

バスはみんなを乗せてレストランへ向かった。旅行行程表では「魚料理の昼食」となっている。ぼくは、この昼食に大いに期待していた。ラヴェンナはアドリア海に面しており、そこで獲れる新鮮な魚介類の海鮮料理を思い浮かべていたからである。

三、四分もすると、バスはポプラ並木のある広い通りでぼくらを降ろした。木陰のベンチでは、たくさんの人がのんびりと寛《くつろ》いでいる。そこから少し歩くと、古い石畳の長方形の広場に出た。これが街の中心、ポポロ広場である。広場は陽がかんかん照っているせいか、人影はまばらだった。

広場の片隅から一つの路地に入り、くねくね歩いてレストランへ向かった。この辺りは古い建物が軒を連ねている。レストランの入口にはぼくが頭に描いていたように、獲れたての魚介類が所狭しと並べられていた。ぼくの食欲はいやが上にも高まった。

しかし、出てきたのは、ヤリイカの揚げ物や白身魚のフライといった揚げ物料理ばかりだった。それがまた馬鹿でかく、皿からはみ出んとする勢いである。

それはそれで美味しかったのだが、ぼくの脳は、例えば生牡蠣《がき》だとか、魚介の日本風カルパッチョだとか、中国風刺身だとかといったものをイメージしていたものだから、当てがはずれて消化酵素を出すのを少しためらったようだった（今から考えれば、日本のように生ものが出てくる筈はなかった）。

また、この店のウエイターは今までと違って、愛想が良くなかった。なにか不機嫌な表情で、注文の時でも棒立ちである。林さんによると、同じイタリア人でも北の方の人は実直無骨なタイプが多いという。

イタリア語で何か会話をしてみたいという西条さんのために、林さんが、自分の代わりにワインを注文してみないかと勧めた時のことである。西条さんは、「ワインはヴィーノ、白はビアンコ」と何度も口の中で復唱してウエイターを呼んだ。

「ヴィーノ・ビアンコ」彼が注文すると、ウエイターは彼の方を見てイタリア語で何か言った。西条さんは、林さんの方を見る。

「何本いるかと言っています」

「えーと、二はなんだっけ」と言いながら、西条さんが無意識に指を二本立てると、ウエイターはそれを見てさっさと向こうへ行ってしまった。確かに愛想ない。

西条さんは冷や汗をかきながら、「よく使うイタリア語を単語帳にまとめたのに、日本から持ってくるのを忘れてしまったんですわ」と言う。ぼくらはそれをきっかけに、林さんにイタリア語の数字の読み方を教わった。

「ウーノ、ドゥエ、トレ、クアットロ、チンクエ」とみんなで声を合わせる。他の客が怪訝な表情をしていようが、ぼくらは誰も気にもとめない。そのうち、西条さんが

「白は何でしたっけ」と初めに戻る。

「ビアンコ」

「そうそう、白いブランコのビアンコ」とみんなを笑わせる。奥さんも笑っている。

楽しいアルコールはみんなを陽気にさせ、気持ちを明るくする。今のひと時は病気

のことも仕事のことも、そして少し期待外れだった魚料理のことも忘れて、みんなで楽しくやることにしよう。

イタリアのトイレ

食後、ヴェネツィアまでの移動に備えて、みんなトイレに行った。この店に限ったことではないが、イタリアのバールやレストランのトイレは基本的には男女兼用で、個室が三室から五室くらいある。そして、建物の隅の形に合わせて作るのか、三角形や台形など変則的な形をしていることが多い。さらに、水を流すレバーやスイッチを探すのに苦労することがしばしばである。それらは便器の横に付いていたり、後ろ側にあったり、ボタンを踏む形で床にあったり、とにかく様々なのだ。

そんな中で、この店のものは難易度がかなり高かった。レバーがどうしても見つからず半ば諦めかけていた時、水を貯める陶器製のタンクに偶然手が当たった。すると、そのタンク全体がゆっくり前方に傾いてくるではないか。その途端、便器に水が勢いよく流れ出した。そしてタンクに水が貯まるとまたゆっくり元に戻るのである。

ぼくが個室から出た時、ちょうど森田さんも隣から出てきて案の定、「中津さん、水を流すレバーがどこにあるかわかりましたか」と尋ねた。ぼくが教えると、彼は絶句した。その後、二人で他のみんなに説明したことは言うまでもない。

その後、ぶらぶらとバスまで戻る。陽射しは強いが、アドリア海から吹いてくる風がとても心地よかった。

バスから眺めるラヴェンナ市内は、緑が多く街路樹がよく整備されている。その木陰では、たくさんの人々が思い思いに食後の昼寝や日光浴を楽しんでいた。古い教会の塔やローマ時代の遺跡を見送った頃、ラヴェンナ駅が見えてきた。大きな駅だが、複雑な引き込み線に貨物列車が停まっているだけでホームには人影はなかった。

現在の人口が十四万人というこの古都は、いかにも静かで長閑《のどか》な街だった。ただ、バスで十分くらい行った街はずれの臨海地帯には、工場群と火力発電所が林立していた。ぼくがイタリアで初めて目にした工業地帯である。

ヴェネツィアへ

バスは、ラヴェンナから一路ヴェネツィアを目指して北上して行った（ただし、今回は高速道路ではない）。道路の両側には、狐色の小麦畑と緑の端正な野菜畑が交互に展開する。時折、一面黄色のひまわり畑がそれに交じる。さもなければ、深い緑の林が辺りを覆っている。

それが北に行くに連れ、頻繁《ひんぱん》に川を渡るようになった。それと同時に、湿地帯や沼沢が拡がるようになってきた。おそらく、ポー川下流域の広大なデルタ地帯に入ったのだろう。バスの中では、昼食のワインが効いているのかみんなすやすやと眠っている。林さんも、うとうととまどろんでいるようだった。

しばらくして、みんなが目覚めた頃を見計らって、林さんがヴェネツィアについてアナウンスを始めた。「ヴェネツィアは、今から千五百年以上前にフン族の侵攻を避けるために、本土にいたヴェネト人が沖合の島々や干潟へ移り住んだのが始まりだと言われています。人々は森林の木材を切って浅瀬に杭を打ち込み、その上に家を建て、それを城塞のように次々と繋げていきました」

「それが長い歴史を経るうちに、今のような海に浮かんだ寄木細工のようなユニークな街になったのです。街の大きさは東西約四キロ、南北三キロ、周囲十一キロというミニチュアサイズです。周りはラグーナという潟になっていて、さらにその外は多くの島に囲まれており外海から守られています」

ヴェネツィアは六九七年に共和政になり、一七九七年にナポレオンに降伏するまで千百年独立を守り、世界史上最も長く続いた共和国である。東西貿易で巨万の富を築き、ガラス器や織物などの工業でも収益を上げ、十四世紀頃にはイタリア全ての国家の歳入を上回り、英仏の王家をも凌ぐヨーロッパ一の強国として君臨したのだった。

バスはやがて、ヴェネツィアの本土側の街メストレへ入った。この辺りの海岸線には、大規模な工場群がたくさん並んでいる。ここからヴェネツィア本島に入るには、砂州のような約四キロのリベルタ橋を渡る。橋には、片側二車線の自動車道路と鉄道が並行して走っている。橋の周囲は青緑を湛えたラグーナである。なんだか、コンクリート製の天橋立のようだ。

橋を半分くらい渡った所で、ヴェネツィアの街がまるで蜃気楼のように浮かび上がってきた。いよいよ「世界に比類のない」街への到着である。光子が「わくわくするわね」と言うのと、嵐山夫人が「いよいよね」と言うのが、ほぼ同時だった。

リベルタ橋でヴェネツィア本島へ入る場合は、道路はローマ広場が、鉄道はサンタ・ルチア駅がそれぞれ終点となる。ぼくらはローマ広場でバスを降りて運転手さんに別れを告げた。彼はこのままフィレンツェへとんぼ返りだそうである。

大運河（カナル・グランデ）

バスを見送った後、船着場から水上タクシーに乗る。水上タクシーは、かなり大型のモーターボートで、船室もついている。ぼくらは、至って簡単な造りの木桟橋《さんばし》から、運転手のおじさんに抱きかかえられるようにして一人一人船に飛び移った。一人が乗り込む度に船体が揺れて水飛沫《しぶき》が上がり、女性陣がきゃあきゃあと姦《かしま》しい。

嵐山さんの提案で新婚二組が運転台すぐ後ろの席に腰掛け、旧婚組は船室の長椅子に詰めて座ることになった（荷物は、別便で一足先に出発したそうである）。

タクシーは、碧《みどり》の水を湛える大運河（カナル・グランデ）に波を立てながら、サン・マルコ広場近くのホテルへと出発した。新婚さん達の髪の毛が、潮風にかなり強く靡いている。大原さんは、「二日酔いがやっと収まってきた」と言っていたが、波に揺られて大丈夫だろうか。

船に乗り込んだ時、西条さんが「川下りの気分ですな」と言ったが、ここは川ではなくヴェネツィアの運河なのだということをすぐに実感させられた。それは、両岸にぎっしり建ち並ぶ（二百以上）大理石造りのかつての貴族の館や商館が、次々に目に飛び込んできたからである。

これらは十二世紀から十八世紀に建てられたもので、中世以降のヴェネツィアの繁栄を象徴するかのようにお互いに華美さを競い合っている。建物の正面は、柱と梁とアーチを組み合わせた柱廊やバルコニーや窓になっており、これらがその時代時代（ロマネスク期、ゴシック期、ルネサンス期、バロック期、新古典主義期）を反映した装飾に彩られている。

窓や柱廊のアーチは半円ではなく、栗の形だったり馬蹄形だったり、東方の雰囲気がする。ビザンチンやイスラムの影響なのだろう。また窓やアーチの上にもう一重、四つの花弁の形をした刳《く》り抜きを設《しつら》えた建物が多く、これがより華やかな印象を与えている。林さんによると、それは華麗な景観もさることながら、潟の軟弱な地盤に対応するため空間を少しでも多くして建物の重さを軽減する工夫なのだそうだ。

建物の玄関はすべて船着場になっており、人も荷物もそこから乗降する。かつては一階が倉庫になっていることが多く、上の階にオフィスや住居、客室、召使部屋があったらしい。そしてそこでは、おそらく『ヴェニスの商人』に出てくるような豪商貴族達の優雅な生活が展開されていたのだろう。

さて、この大運河はヴェネツィアのメインストリートで、島の中央を逆S字型に貫いている。全長約四キロ、幅は狭い所で三十メートル、広い所では七十メートルもあるという（深さは、五、六メートルくらいだそうである）。

運河には、水上タクシーの他、水上バス（ヴァポレット）、自家用船、あるいは両岸を結ぶトラゲットという渡し船などいろいろな船が行き交っている。もちろん、ヴェネツィアには欠かせないゴンドラも無数に浮かんでいる。

その他、平べったい荷物運搬船も通る。ゴミ収集船も通る。たまたまサイレンをけたたましく鳴らしながら猛スピードで走り去った船があった。林さんが「警察船です」と説明した。ということは、おそらく救急船もあるのだろう。またリオと呼ばれる小さな運河には、小さな手漕ぎボートが覗《のぞ》いている。これはさしずめ自転車といったところか。

　このようにヴェネツィアでは、他の街の往来に当たるものが運河であり、車に相当するものが様々な船なのである。そして、大運河は最も重要な幹線道路なのだ。

　しばらく進むと大運河は大きく蛇行し、その先に個性的な橋が見えてきた。リアルト橋だ。橋の中央部は高く持ちあがり、鳩時計のような形をした吹き抜けがある。そこから両岸まで、アーケードの付いた商店街が斜めに連なっている。橋上の人達は、橋を渡るというより、欄干に鈴なりになって運河を見下ろすことに余念がない。

　反り返ったアーチの下を通過すると運河はしばらくは真っ直ぐに進むが、フォスカリ館の辺りで再び大きく左にカーブを切る。すると、そのすぐ先に木製のアカデミア橋が見えてきた。虹状に架かったこの橋は、お江戸日本橋を思わせるような太鼓橋で親しみが湧く。元は鉄製だったが、老朽化のため石造りの橋に架け替えるまでの仮橋として木で造ったものがそのまま残ったのだそうだ。今では、街の景観にすっかり溶け込んでいる（われらの日本橋の方は、現在橋の上を高速道路が掠《かす》めるように横切っている）。

　アカデミア橋を潜ると、大運河も終わりに近づいて来る。その最後を飾るかのように、大小のドームを戴く大きな教会が右手に見えてきた。ペストの鎮静を記念して十七世紀に建てられた、サンタ・マリア・デッラ・サルーテ教会だ。これは、たくさんの彫像や豪奢な装飾で縁取られた白大理石による重厚な建物で、ローマ以来久しく目にしていなかったバロック様式のお目見えである。とりわけファサードは凝った造りで、まるで凱旋門のように見えた。

この教会の前辺りから、ぼくらの乗った水上タクシーは車線変更をする車のように徐々に左手に寄って行った。そして、ゴンドラやその他たくさんの船が停まっている木桟橋の間にまことに上手に入って行った。この間約二十分の大運河の旅であった。

ホテル・サトゥルニア&インターナショナル

水上タクシーを降りると、桟橋から横丁の路地のような細い道を歩いて行った。日本でいえば下町の商店街の裏道によくありそうな、マンホールが幾つも並んでいたり、ポリバケツのゴミを猫が漁っていたりしそうな幅の狭い小路である。ところが、この小路には、マンホールもなければ猫が漁るゴミも散らかっていない。それどころか、小奇麗なレストランの入口や洒落たブティックのガラスの扉が並んでいる。この狭さでも、これはこれで立派な一つの通りのようである。

その小路はやがて、広い（と言っても一車線くらいの幅であるが）通りに交わった。通りには、ブランド物の店や小間物店、バールなどが立ち並んでいる。車やバイク、自転車が全く通行しないので、人々は道一杯に広がって往来している。

そこを左手に少し進むと、ほどなく四つ星ホテル・サトゥルニア&インターナショナルに到着した。通りに面した壁は、ローズオレンジとでもいうべき味わいのある色が使われている。入口の間口は狭く、まるでバーに入っていくような感じだった。

このホテルは、ヴェネツィアの迷路を予感させるような複雑な構造だった。客室の大部分は三階から四階にあるのだが、中三階のようなフロアが随所にあって、いわば三階と四階が入り混じっている。三階だと思って歩いていると、いつの間にか四階にいたりする。

その上、客室は、他のホテルのように廊下の両側に整然と並んでいるわけではない。そもそも廊下が曲がりくねっていて、各客室の入口はいろいろな方向を向いている。だから、例えば54号室の隣の55号室の入口はぐるりと大回りした向こう側にあったり、一旦中三階を経なければ隣の部屋に行けなかったりする。

エレベーターは前後の扉が開くのだが、降りる側を間違うと見たこともない全く違う場所へ行ってしまい、元の場所に戻るのに一苦労する（実際、西条さんはどうしても戻れなくて、管内電話で救援を求めたことがある）。

まるでヴェネツィアの街を歩く予行演習をさせるために、このように複雑にしているのではないかと疑いたくなるほどだ。従って、客にはフロントから客室配置図が配られる。これは、配置図というよりはむしろ「地図」である。この地図がないと、他人の部屋はおろか自分の部屋にも到達できそうにない。

ところで、この地図をよく見ると、各客室の壁が複雑に入り組み合い、歪《いびつ》な形をした部屋が非常に多いことがわかる。大きさもまちまちである。とにかく、二つとして同じ造りの部屋はない。

部屋割は、みんなばらばらだった。ぼくらの部屋は31号室である。といっても、これは三階を意味しているわけではない。客室には全階を通して、一階から順番に1から110までの番号が打たれているのだ。ただし、抜けている番号もたくさんある。13号室はわかるが、14もなければ21、39、58などもない。

31号室は三階の廊下の突き当たりの部屋だった。ヴィラ・メディチに比べれば、雲泥の差で狭い。それでも、地図を見ると広い方の部類である（嵐山夫妻の部屋は、ベッドの上でなければスーツケースが開けられなかったそうだ）。テレビは、十四インチの小さなものが天井に近い神棚のような所に取り付けられていた。リモコンはない。

また、シャワーを浴びようにも、みんなが一斉に使う時間帯だと水量が著しく減ってしまい、先から二筋か三筋の水が流れるだけになる。それならば湯舟に水を貯めようとしても、いつまでかかるかわからない。洗面所の蛇口からは比較的よく出ていたが、急に熱くなったりするのでうかうか顔も洗えない。だから対処法としては、使用する時間帯を意識してずらすしかない。

それでも、部屋の窓を開けてみると、今し方歩いてきた通りに面しており、人々が盛んに行き来しているのが眺められる。「地図」によれば、窓のない部屋もたくさんある。どうやら、ここはかなりいい部屋だと思うべきである。

サン・マルコ広場

夕食までにまだ時間があったので、林さんにヴェネツィアの街を簡単に案内してもらう。みんな疲れていたのか、参加したのはぼくらと嵐山夫妻だけだった。

ホテルの前の通り（三月二十二日通り）を東へ進む。この通りは車一台程の幅しかないのだが、ヴェネツィアでは比較的広い目抜き通りである。通りには、カルチエやルイ・ヴィトンなど高級ブランドの店があるし、若者向けの小間物屋もたくさん並んでいる。また小路ともしきりに交わる。だが、狭いことに変わりはない。バールやレストランのカフェテラスは、もっぱら一人ずつ向かい合わせの二人用ばかりである。

小さい運河（リオ）を幾つか渡る。リオの畔《ほとり》にはゴンドラが幾艘も屯《たむろ》し、ゴンドリエーレ達がひっきりなしに「ゴンドラ、ゴンドラ」と声をかけてくる。

通りは、少し曲がりはするが概ね真っ直ぐの一本道で、五分程でサン・マルコ広場の西の入口に達した（ホテルの立地は上々である）。そしてそのまま、大きな三階建ての建物の一階を通り抜ける通路となる。

建物を抜けると、南北八十メートル、東西百七十五メートルのサン・マルコ広場が突然出現した。広場は周りを建物に囲まれており、周辺の猥雑さからは完全に切り離された空間になっている。ヴェネツィアではこの広場だけをピアッツァと呼び、残りはすべてカンポと言うのだそうである。

広場の東正面は絢爛豪華なサン・マルコ寺院で、上下二段に五つずつ並んだアーチがまず目に飛び込んできた。その上には東方風のドームがこれまた五つ乗っている。尖塔もたくさん立ち並び、寺院というよりはお伽《とぎ》の国のお城といった趣である。

そのすぐ手前には、とんがり屋根の鐘楼（高さ九十八メートル）が聳え立つ。ぼくらは嵐山夫妻に、「中津さん、あんな高い塔を見ると、また上りたくてウズウズしているんじゃないの」と冷やかされた。

広場の南北両側には三階建ての建物が東西に長く広がっている。これはかつての行政館で、ここに財務官の執務室と住居があった。最初は北側（十六世紀建造）だけだったのが、事務量がだんだん増えて十七世紀には南側にも同じような建物を建てた

らしい。これら新旧二つの官庁を西端で繋ぐ形で建造されたのが「ナポレオンの翼」で、ぼくらが三月二十二日通りから潜《くぐ》ってきた建物だ。これはナポレオンが一八一〇年に大舞踏ホールとして建てたもので、現在はコッレール博物館になっている。

三方を囲むこれらの建物は高さが揃えられ、上階には夥《おびただ》しい数の半円アーチの窓が連なっている。そして一階は、ポルティコと呼ばれる柱列を持つ吹き放しの廊下(柱廊)で繋がっている。その奥には、高級ブランドやヴェネツィアングラスの商店、カフェなどが入っている。

広場の床ももちろん大理石である。広場に立ってこれらの様子を眺めていると、光子が「なにかものすごく大きな広間にいるようね」と言った。これは言い得て妙である。だが、ぼくらが感じることは当然先人が思いついている。サン・マルコ広場は、別名を「大理石の間」と言うのだそうだ。そして、ナポレオンは、「世界で最も美しい客間」と絶賛したという。

広場には、たくさんの観光客が溢れていた。しかも人種の坩堝《るつぼ》といっていいほど、世界のいろいろな国から集まった人達だ。ここでは、さしもの日本人も影が薄い。そして、その人に勝るとも劣らない数の鳩が群れている(この鳩は、その昔、総督の妻への贈り物としてキプロスの女王から届けられたものだと言われている)。餌でも撒こうものなら、周りはたちまち鳩の洪水と化してしまう。今も中学生くらいの男の子が、頭から足まで鳩にまとわりつかれて姿が見えないくらいである。

新旧行政館前には、カフェテラスのテーブルが実に整然と並べられている。その間隔はまるで定規で測ったようだ。そのうちの、ピンクの卓布と黄色の椅子の色彩の鮮やかさに誘われるように、ぼくらは旧行政館側のカフェテラス（カフェ・クァードリ）に座った。座った途端、かっちりした白の制服のウエイターが笑顔で注文を取りに来た。林さんの薦めで、店のオリジナルカクテルを頼んでみることにする。

注文が来るまでの間、皆でカフェテラスの卓の数を数えてみた。六つずつ四十列並んでいる。一つのテーブルに四人ずつ腰掛けたとして千人近い人を収容できる。これと同じくらいの数が、反対側のカフェ・フローリアンにも並んでいる。

カクテルは、薄いピンクがかった乳白色のものだった。桃と牛乳がベースになっているらしい。ほんのり甘く上品な味である。ほどなく、ステージでは楽人達の演奏が始まった。ヴァイオリン、ピアノ、ベースなどが心地よい音を振幅させる。一曲終わる度に拍手が湧き起こる。ブラヴォーという声も交じる。

カクテルを飲みながら、楽団の心地よい音に酔いしれる。首を巡らせば、そこにはお伽《とぎ》の国のサン・マルコ寺院が輝いている。周りには全世界から集まったたくさんの人が溢れ、無数の鳩が群れ飛ぶ。これらのものに、天の恵みのような光が燦々と注ぐ。すぐ傍の海からは潮の香りも漂ってくる。

これをバカンスと呼ばずして何と言おう。ぼくはこの席から二度と立ち上がりたくない気持ちだった。それは、光子も嵐山夫妻も、そしておそらくは林さんも同じだったに違いない。

小広場（ピアツェッタ）

ぼくらは、「世界で最も美しい客間」にすっかり心を奪われていたが、意を決する思いで腰を上げた。そしてサン・マルコ寺院と鐘楼の南に広がる空間に足を運んだ。人々はここを、小広場を意味する「ピアツェッタ」と呼ぶ。ピアツェッタは、ドゥカーレ宮殿と国立図書館に挟まれている。元々は入江だったのを、十二世紀後半に埋め立てたそうだ。かつては貴族しか出入りできなかったという。

しかし、今はたくさんの観光客で埋め尽くされている。特に図書館前のカフェテラスは、海に面しているためいつも大混雑だ。その碧《みどり》色の海（潟）は、サン・マルコ入江と呼ばれる。ここは大運河の出口に当たり、ジュデッカ運河もここに注ぐ。

入江に面した所には、コンスタンティノープルから戦勝品として持ち帰ったという大きな二本の円柱が建っている。その一つの上では、翼の生えたライオンの青銅像が尾を長く垂らしている。これはヴェネツィアの守護聖人マルコのシンボルである。

また、もう一つの上には鰐《わに》に乗った聖人の像がある。こちらは最初の守護聖人テオドーロだ。テオドーロは東方出身のローマ兵で、ディオクレティアヌス帝時代（三〇〇年頃）の迫害で殉教した聖人らしい。だが、ヴェネツィアの権勢にはもっと大物がふさわしいということで、途中から聖マルコに乗り換えられてしまったのである（そういえば、フィレンツェにも同じような話があった）。

しかし、テオドーロ像は槍と盾を持って小広場の方を向き、今でもヴェネツィアの街をしっかり守っているように見える。それに引き替え有翼のライオンは、失礼にも彼に尻尾を向けている。せめて海の方か、テオドーロと同じように小広場の方を向ければよいものをと、ぼくはいらぬことを考えてしまう。

どうやら嵐山夫人も、同じようなことを思っていたとみえて、

「なぜ、あのライオンはそっぽを向いているのかしら」と言った。

「ライオンが向いている方向がアドリア海です。外敵は、あの方向から来るのです」

と林さんが解説した。なるほど、そういうことだったのか。

さて、本土と橋で結ばれていなかった時は、ここがヴェネツィアの名実ともに表玄関だった。ヴェネツィアに入る人達は、ここの沖合に停泊した船から艀《はしけ》の代わりにゴンドラを使って上陸したのである。橋が出来てからも（鉄道は一八四八年、車道は一九三〇年完成）、やはり海からという人達は多くいたようである。トーマス・マンの

『ヴェニスに死す』には、主人公のアッシェンバッハがヴェネツィア入りする際、沖合の船のデッキに立ってドゥカーレ宮殿や二本の円柱などを眺めながら、「この街に入るには陸路ではなく海路に限る」と思う描写がある。

眼を入江の沖合に点ずると、サン・ジョルジョ・マッジョーレ島が浮かんでいる。小さな島で、浮かんでいるという表現がぴったりだ。島の中央には、サン・マルコ広場の鐘楼とよく似た塔が聳えている。

島の右手には細長いジュデッカ島の一部が見える。そのもっと手前の大運河の出口に当たる箇所に金色の玉が見える。これは税関点で、「幸福の玉」と呼ばれている。かつてヴェネツィアに到着した商船の積荷はみんなここで課税され、莫大な利益をもたらしたからである。幸福の玉のすぐ右並びには、サンタ・マリア・デッラ・サルーテ教会が建っている。水上タクシーを降りる時に見えた、ドームを戴く大理石造りの重厚な建物だ。

今ぼくが書いた沖合の光景を、ゲーテは『イタリア紀行』の中で次のように書いている。「水面のかなたには左手に聖ジョルジョ・マジョーレ島が浮かんでおり、その少し向こうの右手にジュデッカ島とその運河が見える。さらに向こうの右手には税関と大運河への入口が望まれ、ちょうどそこには二三の巨大な大理石の寺院が輝いている。これらが聖マルコの広場の二本の円柱を抜け出たとき、われわれの眼に映る主なるものの概略である」

　明らかに同じ光景を見ている。ゲーテとぼくの間には二百年の歳月が流れているのに、見ているものは全く同じ風景である。激動のこの近現代で、二世紀もの間景観の変わらない都市風景というのは、そう簡単にはないのではなかろうか。ぼくの住んでいる副都心では次々と新しいビルが建ち、訪れる友人達は、「来る度に景色が変わっていて道に迷う」と苦言を呈するくらいなのに……。

　さて、この小広場を入江沿いに東の方へ進むと、ドゥカーレ宮殿の南面に沿って歩くことになる。この宮殿の東面は少し大きなリオに面しているのだが、リオを跨《また》ぐ橋の上にはたくさんの観光客が鈴なりになっていた。そして、上流側に向けてさかんにカメラシャッターを切っている。

　カメラの先にあるのは、ドゥカーレ宮殿とその対岸の黒茶色の陰気な建物を空中で結んでいる回廊である。大理石造りで装飾も美しいこの回廊が、「溜息の橋」である。陰気な建物は牢獄で、ドゥカーレ宮殿で判決を受けた囚人はこの空中回廊を渡って牢獄へ連行されたのだ。その時、囚人達は回廊に付けられた小さな窓から外を覗《のぞ》き、溜息をつきながら娑婆に別れを告げたという。

「回廊の中はどうなっているのですか」と、光子が興味津々で尋ねた。

「内側は石が剥《む》き出しで何もありません。明日あの中を通りますよ」と林さん。

「うわー、楽しみ」これは嵐山夫人。女性陣の好奇心は、あくまでも旺盛である。

ムーア人の時計塔

ぼくらは溜息の橋を背景に記念写真を撮り、元来た道をサン・マルコ広場へ引き返した。そして、旧行政館の東端にある「ムーア人の時計塔」と呼ばれる建物の前に立った。これは、中世の塔を一四九九年に改造したもので、二階部分に大きな時計が取り付けられている。一番外側は大理石で、その円周上に1から24までのローマ数字が並ぶ。そして、太陽の形をした大きな針が回転して、今何時台なのかを告げる。

内側はラピスラズリ（瑠璃）という鮮やかな藍色の天然石で出来ており、ここに十二星座のレリーフが金色であしらわれている。さらに内側の一番中央には地球があり、その周りには新月から満月までの月が配置されている。これらの部分は回転するらしく、これによりヴェネツィアの船乗り達は航海の時期や潮の干満を知ったという。天文好きの光子は、また後でしっかり見たいと言う。

時計の上の階には、張り出しテラスの奥に聖母子像がある。その像の左側の壁にはローマ数字が、右側にはアラビア数字が表示されるようになっている。今はVと30の数字が出ており、五時三十分頃を示している（アラビア数字は五分ごとの表示）。塔の中には数字の表示板があり、それが機械仕掛けで回転する仕組みになっているらしい。ぼくは、この仕掛けを見てみたい。

最上階は、聖マルコのシンボルである翼のあるライオンだ。聖母子像が控え目なのに対して、こちらはいかにも自分が主役であるかのような大きさだ。そもそも聖母子より高い位置にあるわけだが、これは、アッシジで聖フランチェスコが聖母子より貴いと考えられていたのと同じ理屈なのかも知れない。それにしても、ライオンの表情は不機嫌そのものだ。もう少し可愛げのある表情にすればよいのにと思う。

この塔の屋上には大きな鐘がある。その左右に青銅のムーア人（北西アフリカの住人で、ヴェネツィアとは交易があった）の鐘つき男が配置され、毎正時には長い金槌のようなもので五百年以上鐘を鳴らし続けている。林さんによると、右側の男は正時の二分前に鐘を打つらしく、これは予鈴だという。当時のヴェネツィア人は時に追われて生活していたようだが、今のイタリア人はどうも違うような気がする。

ぼくと光子があまりに熱心に見ていたので林さんが「予約すれば中を見られますよ」と声をかけてくれた。「ぜひ見たいです」と反射的に光子が答える。嵐山夫人も「私も」と同調する。しかし、林さんが後で問い合わせくれたところによると、ぼくらのヴェネツィア滞在時はもう全部予約が入っており、この時計塔探索は残念ながら実現しなかった。

メルチェリエ通り

時計塔の一階中央部分はアーチのある通路になっており、ここを潜り抜けるとヴェネツィア一の繁華街であるメルチェリエ通り（小間物横丁）となる。この通りは、曲がりくねってリアルト橋まで続いている。

通りに入ってすぐ、林さんが後方を振り返るように促した。ぼくらはみんな、あっと声を上げた。そこには表側と同じように、円周部にローマ数字が二十四まで書かれた時計があるのだ。こちらは何時台かを示すだけのシンプルなものだったが、針の中心部はちゃっかり有翼のライオン像になっていた。

メルチェリエ通りはヴェネツィア一の目抜き通りといっても、その幅はたったの二、三メートルしかない。この狭い通りの両側に装飾品、皮革品、ヴェネツィアングラス、小間物、土産物、ブティックなどの店がずらっと並んでいる。世界に名立たる高級品店から若者向けの安売り店まで雑多である。もちろん飲食店も目白押しだが、こちらも高級レストランからバール、ファストフード店に至るまで様々である。

そこに、老若男女、国籍は問わないとはこういうことを言うのかと実感させてくれる多様な人々が溢れ返っている。その上、通りは複雑に曲がりくねっているので、少しでも油断すると他のメンバーを見失いそうである。林さんは「万が一はぐれたら、この標識を目印にサン・マルコ広場まで戻ってください」と、矢印のあるPER S. MARCOと書いた標識を教えてくれた。

通りには、至る所にリオ（小運河）を跨ぐ小さな太鼓橋がある。店並みが途切れた所には、カンポと呼ばれる小さな広場がある。カンポでは、小路や路地、それに水路が幾つも複雑に出会っている。迷路好きの嵐山夫人は、「ほら、あの道あんな所へ続いている。この水路は向こうの方から来ている」と、興奮が隠せない様子だ。

カンポや太鼓橋の上に立つと、どの方向を見ても絵になりそうな光景が展開している。路地代わりの狭い水路に軒をくっつけあった建物が寄り添っているかと思うと、行き止まりの水路の正面にビザンチン風アーチ窓のある華麗な建物が姿を見せていたりする。ぎりぎりの水路を通っていくゴンドラに目を奪われていると、その先では個性的な石造りの太鼓橋が存在を主張している。どれもこれもが、まさにヴェネツィアという風景である。最初は写真を撮りまくっていたのだが、きりがないのとはぐれてしまいそうなのとで、早々に放棄した。

今は脇道に入る余裕はないが、ヴェネツィアは想像以上に複雑怪奇な街のようである。長年香港の雑踏を画のテーマにしてきた光子も、開いた口が塞がらない。嵐山夫人に至っては、興奮し過ぎて目が定まらない。

しかし、実はこの時でも、ぼくらはヴェネツィアの本当の奇怪さをまだまだ実感できていなかった。メルチェリエ通りは大運河と同じで、あくまでもヴェネツィアのメインストリートなのである。後日脇道に入った時、その奇怪さは想像を絶していた。

リアルト橋

やがて、リアルト橋の袂《たもと》に着いた。ヴェネツィア初体験のぼくらにとっては、誰もはぐれず、よくぞ無事に着いたという感じだ。橋は水上タクシーで見た時よりずっと大きかった。幅は二十二メートル、長さは四十八メートルもあるという。

フィレンツェのヴェッキオ橋とは逆に、通路の真ん中がアーケード商店街になっている。橋は中央部が高くなった太鼓橋だから商店街も階段状に連なっており、そこではヴェネツィアングラスや土産物などが売られていた。

商店街の両サイドは本来の橋としての機能を果たしている……とも言えない。なぜなら、観光客達は橋を渡るというよりは、そこに立って展望台代わりに大運河を見下ろしているからである。ここから見下ろす大運河の光景はいくら見ていても飽きない。それはさながら、高い建物から見下ろすよく整備された自動車道の鳥瞰である。

大運河にはたくさんのゴンドラや水上バス、タクシー、自家用船などが入り乱れて航行している。よく見るとみんな左側通行である。そして、その一部は発着場に出入りしたり、リオに入り込もうとしたりしている。交通整理員や信号はないので、その際当然進路の譲り合いの問題が起こる。ぼくと嵐山さんで観察した限りでは、一番小さなゴンドラが一番大きな態度に見える。ゴンドリエーレ達は、方向を変える時腕で合図したり大声で叫んだりする。その近くの大型船はそれを見て、大きな波を立てないように徐行していた。

橋の南東側には、水上バスの発着場があった。行き先ごとに乗り場が分かれているらしく、桟橋が幾つもある。どの桟橋でも人が一杯待っている。バスはひっきりなしに到着し、その度ごとにたくさんの人が吐き出され、それに負けない人が乗り込む。

橋の北側に回ってみる。運河の両側に立ち並ぶ色とりどりの建物群の中に、ここだけ白い旧ドイツ商館が見えた。一階中央はゆったりとしたポルティコになっており、そこに船がしばしば横付けされる。この建物は、今は中央郵便局（現在は移転済み）だというから、あれらの船は郵便船なのかも知れない。ここから大運河は左手に急カーブを切り、さんざめきと活気を残してその姿は見えなくなる。

ただでさえ人が多いのに、大運河の両岸にはレストランやバールのカフェテラスが所狭しと並んでいる。それは橋脚の水際まで進出している。たくさんの人が往来して落ち着かないだろうに、そこに陣取っている人達は至ってのんびりしたものだ（後日ぼくらもそういう場所の一つで食事をしたのだが、あそこに座ると不思議なもので、いくら人が行き交おうが喧騒があろうが、のんびりとした気分になれるのだった）。

この辺りには観光客だけでなく、いかにも地元と思われる人達も多い。それは、この場所がヴェネツィアの経済の中心地だからだろう。橋を渡った先には、魚市場や野菜市場があり、この島で暮らす八万人の胃袋を満たしている。サン・マルコ広場をヴェネツィアの表玄関とすると、このリアルト橋周辺は、観光客と地元民が混然一体となったいわば勝手口と言えるのかも知れない。

ぼくらは橋上でしばらく時間を過ごした後、元来た道を戻って行った。一回通った筈の通りなのだが、逆方向に歩くと全く違って見える。同じようなリオ、カンポなどが次々と眼前に現れ、同じ所をぐるぐる回っているような錯覚に陥る。

メルチェリエ通りは、相変わらずの人混みだった。Tシャツ一枚の人、しっかり上着を着ている人、ミニスカートの人、短パンの人、ジーンズの人、正装している人、民族衣装の人等々様々である。世界中の旅行者の服装を観察するだけでも面白い。

夕食と夜の散策

この日の夕食はホテルのレストランである。レストランは古い造りで照明は暗く、その上とても狭かった。ぎっしり並んでいる丸テーブルは、手を伸ばせば隣の席に届くほどである。そして、ほぼ満席の状態だった。

今日は席の関係で、メンバーはみんなばらばらに分かれて座ることになった。考えてみれば、食事の際、朝食は別として常に誰かと一緒だった。ぼくら夫婦だけで食べるのは、なにかしら新鮮な感じがする。

光子はワインを飲みながら、先程までの興奮冷めやらぬといった調子で、明日以降のヴェネツィア探訪をわくわく感をもって熱く語る。ぼくの方は、相変わらず旅程の残り日数が心細い。しかし、ここは彼女の元気さに同調すべきだろう。今のひと時ひと時を思い切り楽しむべきだと頭を切り替えた。

この夕食の中でエビ、イカ、イワシをミックスした熱々のフリットは、ぼくを魅了した。塩味だけの控えめな味付けだが、アドリア海の新鮮な食材が活かされている。海の街なのだから、こうでなくてはいけない。これにレモンをふんだんに搾《しぼ》って食べる。白ワインもきりっとしていて、食材の味が引き立つ。

メインは、ヴェネツィア風仔牛のレバーである。結構レア仕立てで、赤い所も多い。これを、たっぷりのバターで炒めた玉葱（甘い）と一緒に食べると、少しだけほろ苦みが広がるが口の中でとろけそうである。赤ワインが合う。これにポレンタ（トウモロコシの粉を練ったものらしい）が添えてある。ポレンタ自体はあまり味がしない（しいていえば餅みたいな味）が、レバーが濃厚なのでその方がいいのかも知れない。ワインにもよく合う。

狭い部屋の中に多くの人がいるので、話をする時はお互いの顔を近づけないと声が聞きとれない。周りから見ると、ぼくらもいかにも熱々のカップルに見えたことだろう。このテーブル配置や部屋の狭さは、カップルのための演出手法なのかも知れない。

夕食後、ぼくらは再びサン・マルコ広場まで出掛けてみた。リオを渡ろうとすると、相変わらず「ゴンドラ、ゴンドラ」の声が聞こえてくる。運河の水面には、街路や建物の灯りが反射してきらきら輝いている。そして、ゴンドラの立てる小さな波が銀鱗のように躍る。

だが、ゴンドラは真っ黒だしあくまで滑るように静かに流れていくので、この水面の変化を見逃すとそこにゴンドラがいるとは簡単にはわからない。昔は街灯もなかったわけだから、『ヴェニスの商人』などに出てくるような、闇に紛れて密会したり駆け落ちしたりする恋人達にとっては絶好の乗物だったのではないだろうか。

さて、リオ沿いのレストランの一つが、ぼくらの目を惹《ひ》いた。運河に面した柱と柱の間に、京都の川床を思わせる小さなテラスが設けられている。そこにテーブルが置かれ、カップルのための空間が演出されている。通りから見ると柱ごとに、食事を楽しむカップルが室内から洩れ出る灯りに浮かび上がる案配になる。

みんな、顔を近づけ合っている。瞳を見つめ合っているカップルもいる。手を握りしめている人達もいる。それも若い人だけとは限らない。五十代や六十代と思しき人達もそうなのである。たとえ声を聞くためであったとしても、日本人にはなかなかあそこまではできそうにない。

サン・マルコ広場は、薄明かりに包まれていた。ここには街灯というものは特にない。新旧行政館の外壁にある灯りが、帯のように光の列を作っている（二階以上の窓は真っ暗だ）のと、ポルティコ内の店から洩れ出る光が足元を照らしているだけである。サン・マルコ寺院も、尖塔に灯りが灯っているだけで全体の輪郭はぼうっと闇に霞んでいる。

しかし、広場には昼に劣らずたくさんの人が出ていた。カフェテラスもずいぶんと盛況である。陽に当たるもよし、夜風に当たるもよし。とにかく戸外は人の気持ちを自由にさせてくれることをみんなよく知っている。四箇所にある楽団は、今も陽気な音楽を奏で続けていた。人々はその音に酔い、カクテルに酔い、「世界で最も美しい客間」に酔う。かくして、サン・マルコ広場の夜は更けていく。

屋外レストランでの朝食

ツアー九日目。今日の予定は、十時に集合して午前中は市内観光。午後は自由行動で、夕刻にオプショナルのゴンドラ運河巡り（もちろん全員参加）がある。

朝食は、ホテルの中庭にある屋外レストランでとる。ここは昨夜の室内レストランと比べると、ずいぶん広い。風も吹き抜け、明るく開放感に満ちている。中庭とはいえ屋外はやはり心地よい。

真っ白な卓布のテーブルに着席すると、素早くウエイターやウエイトレスがコーヒーのポットとカップを持って来てくれる。庭隅の長いテーブルの上には、パンやジャムやジュースが並べられている。パンは種類が少なく、相変わらず少し硬い。それに引き換え、ジャムの種類は豊富でどれも味が濃く美味しい。

ジュースは、オレンジ、トマト、パイナップルの三種類あり、それぞれ特大のガラスジョッキに入っている。ぬるくならないように、ガラスジョッキは氷水を満たした器に浸してある。だが、攪拌機などはなく、氷水に浸《つ》かっていない最初の方を飲んだ人は生ぬるいものを飲んでしまうことになる。

ところで、この氷水を満たした器がなんとも変わっている。ふっくらとした形で、元は銅製の鍋のようである。しかし、ずいぶん古いものらしく、銅の光沢は一部に残っているだけで全体的には黒ずんで見える。まるで焼香の時に使う大きな香炉台のようだ。さらに、ごしごし磨きあげるのか、表面の至る所に引っ掻いたような傷がついている。なんで、超一流のホテルがこんなものを使っているのだろう。

だがずっと眺めていると、それはガラスのジョッキと妙に調和しているような気がしてくる。そして、しまいには、この古ぼけた鍋でないと不都合な感じさえしてくるから不思議である。

ぼくは、この時ふと考えさせられた。われわれ日本人は、あまりに不用意にものを捨て過ぎてはいないだろうか。捨てたものの殆どは、まだまだ使えるのではないだろうか。ヨーロッパの人達は、耐久消費財や家具などをとても大切にする。パリには、パンティストッキングの修繕屋まであるという。かつては、日本もものをとても大事にしていた国だった。いつの頃から変わってしまったのだろうか。

サン・マルコ寺院

十時にフロント前に集合。大原さんが、すっきりした顔で挨拶する。「ああ、よく寝た。やっとアルコールが抜けました」「昨日の夜は飲まなかっんですか」とぼくが尋ねると、横合いから奥さんが答えた。「当然です。今日も飲まないようにって言ってあるんです」「いやあ、それは皆さんに失礼だし」と彼が反論する。「昨日の二日酔いはいい勉強でしたね。今日からは、嗜《たしな》むということを学ばないと」と、嵐山さんがうまくまとめる。「はい、わかりました」彼は破顔一笑である。

やがて、イタリア人ガイドが到着した。中年イタリア女性の典型といったふくよか（過ぎる）さだ。だが、声はカナリアのように繊細、日本語はぺらぺらである。

一同まずはサン・マルコ寺院へ向かう。この時気付いたのだが、西条夫人の足取りが少し軽やかなようだ。気のせいか、血色も良いように見える。声をかけてみると、「昨日の夕方から今朝にかけてゆっくりできたので、ちょっとほっとしています」とのことだった。隣で西条さんも、にこやかに微笑んでいる。

サン・マルコ広場は、今日も多くの人とそれに匹敵する数の鳩が群れ集っていた。寺院の前で、ガイドさんが説明を始める。聖マルコは、キリストの生涯を冷静な史家の目で著した福音書（六〇年頃記述）で有名である。ペテロに師事し、パウロの第一回伝道旅行にも随行したという。そして、アレキサンドリアの最初の司教になって、同地で殉教したとされる。

ヴェネツィアは九世紀の初め、当時の強国フランク王国を破りそれから発展の一途を辿ることになる。そして、それにふさわしい守護聖人をということで、聖マルコに白羽の矢を立てたのである。

ヴェネツィア人は、当時イスラム帝国の領土になっていたアレキサンドリアから聖マルコの遺体を運び出して持ち帰る（八二八年）。遺体を納めるために、すぐにサン・マルコ寺院を創建したという。ただし、その建物は十世紀中頃に焼失し、現在のものは十一世紀に建てられたものが元になっているそうだ。

説明を聞きながら改めて寺院を眺めると、絢爛豪華というよりはとにかくいろいろなものが複雑に組み合わされていることを痛感する。

寺院はギリシア十字の構造をしており、その先端と交点の合わせて五箇所に大きなドームが載っかっている。これが、イスラムのモスクを思わせるような半球である。その上には、装飾的な十字架の付いた大蒜《にんにく》形の飾り屋根が載っている。また、ファサードの二階の五つのアーチは半円の上方が栗のように少し尖り、これも東方的なエキソシチズムを放つ。一見した時、これらがアラビアンナイトの挿絵にでも出てきそうなイメージを抱かせるのだ。

かと思うと、栗型アーチの上にはバロック調の彫刻が幾つも載っている。特に中央部には黄金の羽を持つ天使が並び、一番高い所には聖マルコ像が屹立している。またゴシック風の尖塔が多数割り込むように立ち並び、その刳《く》り抜き部分には彫像が一つ一つ入っている。このように、この寺院は東方と西方の様式がごちゃ混ぜになっているのだ。「それにしてもごちゃごちゃしてまんな」西条さんの呟きは、まことにわかりやすい。

普通なんでもかんでも混ぜ合わせると悪趣味になるものだが、スケールが途方もなく大きいからか、いろいろなものを昇華させた絶妙の調和からか、違和感は特になく全体としてはお伽《とぎ》の国のお城のような独特の雰囲気が醸し出されている。それは世界各地を股にかけた海運国ヴェネツィアならではの特許なのかも知れない。

それからガイドさんは、「サン・マルコ寺院は共和国時代はずっと司教座聖堂ではなく、公式にはドージェ（共和国の最高位者）の礼拝堂だった」という話をしてくれた（大司教座聖堂になったのはナポレオン時代になってからである）。つまり、カトリック教会からは政治的に独立していたということである。

なるほど。だから、聖マルコが一番高い所に陣取っているのだ。ムーア人の時計塔でも、有翼のライオンが、聖母子より上位にいるのもそういう理由からなのだろう。

ファサード一階のアーチの半円部には、聖マルコの遺体が運び出されてこの寺院に納められるまでが、向かって右側から順番にモザイク画で描かれている（中央は除く）。ガイドさんは、「一番左の画が最も古く、十三世紀のものです。他は十七世紀から十八世紀にかけて作り直されたものです」と説明した。確かに、色彩の鮮やかさに違いがあるし、左端のものには遠近感が感じられない。だが、その画は、八百年前の寺院の様子を正確に伝えているのである。

それにしても、盗み出したことを公然と画に描き、それを後世にまで伝えるというのはどういう了見だったのだろう。相手は異教の国でもあり、既成事実化して正当性を主張するということだったのだろうか。

さて、二階のバルコニー中央部には、実に躍動的な四頭の馬の青銅像（レプリカ）が今にも天をめがけて駆けだしそうに並んでいる。この馬像は、第四回十字軍（一二〇二年。ヴェネツィア主導でコンスタンティノープルの占領が行われた）の際、かの地から持ち帰られたものである。像の起源については、紀元前三、四世紀頃にギリシアで作られたという説と、紀元後三世紀ローマ作という二説があるそうだ。

ゲーテも鋭い観察眼を向け、『イタリア紀行』の中で次のように書いている。「誰かほんとうに馬のことに精通している人にこれの批評をきいてみたい気がする。私が不思議に思うことは、それは近くで見ると重たげであるが、下の広場から見上げると鹿のように軽やかな点である」

この時、大原さんが意外な一面を披露した。「実はぼくは乗馬をやるんで、馬のことは詳しいんです。もっと近くで見たいな」。すると、ガイドさんは悲しそうな顔をして、「残念ながら、今は二階が修復中でバルコニーに上ることができません。下からじっくり見学してください」と言った。

そういえば、二階の右手の方は大きなベニア板で囲まれている。光子の両親が三年前に来た時は左手が修復中だった。様々なガイドブックの写真を見ても、どこかしこかがベニアに包まれている。

残念がる大原さんにガイドさんは、「ついこの間までは、あの馬全体がベニア板に囲まれていて鼻先が見えていただけだったんですよ。あなたはラッキーだ」と慰めた。なるほど、ものは考えようである。

いよいよ中へ入る。中央の大扉から入ると、そこはL字型に細長い「入口の間」である。天井一面に旧約聖書の物語が、十三世紀に造られたモザイク画で展開している。特に一番右側は「天地創造」の図で、神がこの世界を造った一日目から七日目までの様子が、三重の円の一番内側から順番にアニメーションのように描かれている。最後は、アダムとイヴが禁断の木の実を食べるシーンである。

それを説明した後ガイドさんは、「ここは、今から入る黄金聖堂への心の準備をするための部屋です」と言った。みんな、思わず深呼吸をする。

中に足を踏み入れた途端、深呼吸したみんなの口から「ほおー」「うーん」「わー」

という溜息が洩れ出た。大きな柱が何本も並び、柱は高い所でアーチ状の梁に繋がり、その梁が五つのドームをしっかり支えている。そして、これらの柱、梁、ドームの天井、壁などは全てモザイク画で埋め尽くされているのだ。これだけでも圧倒されるのに、画の背景は全て金色である。「黄金聖堂」と呼ばれる所以だ。

この時ガイドさんが、「ここの天井から落ちてきたものです」と言って、モザイクの一つの欠片《かけら》（テッセラというのだそうだ）を見せてくれた。それは、ガラスとガラスの間に金箔を挟み込んだ一センチ四方のものだった。彼女はたまたま床に落ちていたのを見つけ、以来それを宝物としてガイドする時はいつも持ち歩いているという。

この話を聞いた途端、西条さんと森田夫人が思わず手を頭に載せて、大丈夫かという表情で天井を見上げた。それ以外の人はみんな、床を見回している。ガイドさんは、「そう簡単には落ちていませんよ」とたしなめた。

さて、五つあるドームのうち縦に並んだ三つのものには、キリストの奇蹟が描かれている。即ち、一番奥が聖母の両側に並ぶ預言者達の姿。中央は聖母や十二使徒に囲まれて昇天するキリスト。一番手前は聖霊降臨（完全に昇天したキリストは鳩の姿になり、周りの十二使徒に光線を投げかけている）である。これらを、ガイドさんは熱っぽく語りかける。

ぼくらの目は上ばかりに向けられがちだが、床もまた様々な色大理石による幾何学模様や唐草模様、あるいはいろいろな動物などを描いたモザイクになっている。上に下に、いったいどれだけの人が装飾施工に関わったのだろうか。

この床は、大量の雨が降ったり海水が増えたりした時、溢れ出した水に浸かる(アックア・アルタ)ことがあるという。その時は、海水に沈んだ大理石が一段と色鮮やかさを増すという。それを、板を通して通路を設《しつら》え鑑賞できるようにするというのだから、ただでは転ばぬヴェネツィア魂健在である。

床には、あちこちにがたがたと凸凹ができている。うっかりすると、つまずいて転びそうである。これは最近の地盤沈下によるものだそうだ。地盤沈下には諸説あるが、本土側のメストレの工場群が大量に地下水を汲み上げたことが大きな要因だという。世界各国の協力で沈下の速度は一時よりはましになっているというが、この寺院だけでなくヴェネツィアの街全体が埋没する危険を孕《はら》んでいることに変わりはない。なんとか、この世界に比類のない街を救って欲しいものである。

さて、中央祭壇のある内陣は、紫や青などのカラフルな色大理石の柱列で身廊と仕切られている。柱列の上には聖母や十二使徒の像がずらりと並んでいた。

一段と高くなっている祭壇には、当然のことながら聖マルコの遺体が納められているわけだが、実はしばらくの間行方不明になっていたそうだ。それは盗難を恐れて別の場所に隠し、しかもその場所を度々変えていたかららしい。自分達が盗み出した本家だから、その心配は一入《ひとしお》だったのだろう。

それが、十九世紀になって偶然に地下の部屋から発見され、それ以降やっと祭壇で安眠できるようになったという。だが、聖マルコはどう思っているのだろう。本当は、アレキサンドリアに帰りたいと願っているかも知れない。

ドゥカーレ宮殿

ドゥカーレ宮殿は、国家元首であるドージェ（総督）の住居であり、行政府、立法府、裁判所でもある。まさにヴェネツィア共和国千年の政治の中枢である。創建は九世紀頃で、何度かの火災の後十五世紀の終わりに現在の形ができたという。

一階は、壮麗なアーチの並ぶポルティコである。二階の回廊は先の尖ったアーチが一階の倍連なり、その上に四花弁模様の刳《く》り抜きがあっていかにも華やかだ。これらより上層はピンクと白の大理石を菱形の模様に組み合わせた壁造りで、全体として薔薇色に輝いている。

宮殿にはサン・マルコ寺院の並びの「カルタ（布告）門」から入る（現在は出口になっている）のだが、門の手前で寺院の財宝を盗もうとした四人のムーア人が石化されて黒く固まっている……といわれているが、そんな筈はない。これは、二九三年以来二分してローマ帝国を治めたそれぞれの正帝、副帝の計四人（実質は四分統治。ディオクレティアヌス帝が始めた）を表した像で、四世紀にシリアで作られたものらしい。彼らは、ローマというよりは、もうかなり中世っぽい。

カルタ門では、門のすぐ上の有翼のライオンとそれにひざまずくフォスカリ（十五世紀初めに大陸部進出を果たしたドージェ）が迎えてくれる。

門を入って通路を右に抜けると、ロの字型に建物に囲まれた井戸のある広い中庭に出る。北側の建物は、多くの彫像で豪華に装飾されており、その背景には、サン・マルコ寺院の五つのドームと十字架の飾り屋根が望まれる。それは、あたかもこの宮殿の本殿のように見える。

この中庭の北東の隅に、「巨人の階段」と呼ばれる大理石の階段がある。段上には、サンソヴィーノ作のネプチューン（海神、右側）とマルス（軍神）の巨像が睨みつけるように立っている。新任のドージェは、ここでその象徴であるベレー帽を受け取る儀式を行ったのだそうだ。この階段は通行できないので、建物内の階段を上る。ふくよかなガイドさんはちょっとしんどそうだ。

筋肉隆々の巨像の後ろ姿を見ながら回廊を少し進むと、左手に「黄金階段」が見えてきた。これは四階に通じている階段で、かなり長い。気の毒に、ガイドさんはハーハー言いながら説明をしてくれる。西条さんが、「ガイドさん、ぼくも階段しんどい

からゆっくり上りましょう」と気遣っていた。

黄金階段の蒲鉾天井全面には、漆喰によるレリーフ装飾が施されている。地の部分は、その名の通り全て金箔である。レリーフは、幾重にも重なった額縁のような模様と、その中心にある女神などの人物像とで構成されている。これらがずらりと連なって、まるで立体絵画のトンネルを潜《くぐ》っていくようだ。上りきった所から下を見返ると（必ず見返るべしとガイドさんは言った）、その豪華さが一際よくわかる。途中の踊り場には菱形の模様が描かれていたのだが、上から望むと格子状の窪みがあるように立体的に見える。騙し絵になっているわけだ。

四階には重要な部屋がたくさん並んでいる。どの部屋の天井も壁も、当代随一のヴェロネーゼやティツィアーノなどの画で埋め尽くされている。その内容は大体が、神話から題材をとったものと、ヴェネツィアの栄光と偉大さを表したものである。

外国の使節や高官達は「黄金階段」を上り、「四つの扉の間」を抜けて「謁見控えの間」に通される。そしてその奥が「謁見の間」である。これらの階段や部屋を次々と通ることによって、ヴェネツィアの富と強さを見せつけられるのである（それぞれの部屋には、ティツィアーノ作「祈りを捧げるグリマーニ総督」、ヴェロネーゼ作「エウロペの略奪」、同「レパント海戦の勝利を感謝する総督」が置かれている）。

さて、「謁見の間」や「元老院の間」（ティントレット作「ヴェネツィア称揚」がある）の天井は、物凄い。何が物凄いのかといえば、たくさんの画はもちろんだが、その画を嵌《は》め込むための金細工がである。フィレンツェのピッティ宮殿も凄かったが、ここはもっと凄い。おそらく金細工の面積は、画の倍はあるのではないか。西条さんが、ぼくがピッティ宮殿で抱いたのと同じ感想を洩らした。

「画というよりは、金の額縁を鑑賞しているようですな」

ガイドさんは、主だった画を一つ一つ詳しく説明してくれる。それぞれに時代背景があり、物語もある。だが残念ながらぼくの頭はそこまでついていかない。その上、天井を見上げていると、首がおかしくなってきそうだ。他のメンバーも、しきりに首を回している。そんな中でさすがに光子は、構図や色彩などを熱心に鑑賞していた。

これらの画は大体が十六世紀の後半に描かれたものらしいが、この頃にはルネサンスの中心はフィレンツェやローマからヴェネツィアに移っていた。メディチ家や歴代の教皇が巨匠を集めたように、ヴェネツィアもその隆盛を背景にして富と権力にものをいわせたのだろう。

こう考えてみると、イタリア各地に大芸術が残っているのは、たくさんの小国に分かれていたからだと言えるのではないだろうか。それぞれの都市国家や公国が威信を賭けて宮殿や聖堂などの建造物を建て、その内装のための芸術家を呼び集める。しかもお互いに競い合うことにより、そのどれもが燦然と輝いているのだ。

日本でも、江戸時代には藩ごとに独自の文化が育ち、イタリアと同じような現象が生まれかけていたのではないだろうか。だが、明治維新と共に、急速な中央集権の荒波に呑まれてしまったのだろう。

さて「元老院の間」の正面は十段近くの階段でステージのように高くなっており、その中央にドージェの座がある。側壁にも二、三段から六、七段高くなった所に、連なった木製の椅子が設《しつら》えてあった。これは元老院議員の席だろう。元老院議員（六十人、後その倍）は行政権を持ち、実務担当として政府の要職に就いた。そういえば『オセロウ』で、緊急に高官や軍人が召集されたのは、この部屋ではなかったか。

重大な国家機密や重要裁判などは、ドージェと六人の相談役、さらに元老院議員の中から選ばれた十人の評議員の計十七人で論ぜられた。その部屋が、「十人委員会の間」（ここにはヴェロネーゼの「老いと若さ」がある）である。この部屋は、『ヴェニスの商人』の「人肉一ポンド裁判」の舞台である。また、映画「カサノバ」にも登場した。映画では、ドージェはスキー帽のような後ろの尖ったベレー帽を被り、委員達はみんなバッハやモーツアルトなどでお馴染みのかつらを被っていた。

委員会の間の控室に当たる「羅針盤の間」を出た所に、粗い石造りの「ライオンの口（真実の口、密告の口とも言う）」があった。これは、市民が抗議や密告の投書をするためのものである。江戸八代将軍吉宗が設置した目安箱みたいなものだろう。

そこから少し離れた所に、「武器の間」があった。当時の鎧や武器などが納められており、驚くことに連射できる機関銃のようなものもあった。

ガイドさんが「これは十字軍時代の貞操帯です」と説明すると、森田夫人が無邪気に、「てーそーたいって何？」と大きな声を発し、ご主人が顔を真っ赤にしていた。


そこから階段を下りると、三階に「大評議の間」がある。53m×25m（天井までの高さ11m半）という大ホールで、その広さには仰天させられる。大原さんが評した言葉は、その広さをまことによく言い当てている。

「へーえ、二十人以上が同時に五十メートル走ができるんですねえ」

ここに、千人の貴族によって構成された大評議会のメンバー（後に富裕市民も多大な金で資格を得て二千人になる。この中から元老院議員が選ばれた）が一堂に会したのである。ここでは、会議の他に儀式や饗宴も行われたらしい。ぼくはフィレンツェのヴェッキオ宮殿の「五百人の間」（54m×23m、天井まで18m）とどちらが広いのか思案していたのだが、ほぼ同じ大きさである。甲乙つけ難いとはこのことである。

この部屋には柱は一本も無く、天井は巨大な吊り天井になっている。ヴァザーリはこれを研究して、「五百人の間」を吊り天井にしたそうである。

ホール正面の一段と高くなった所は、ドージェと六人の相談役の座である。その背後に、ティントレットの大絵画「天国」(一五九二年完成)がある。これは、縦七メートル、横二十二メートルというとてつもない代物である。だが、これは壁画ではない。画布に描かれたものなのだ。画布の画としては世界最大だそうだ。ドゥカーレ宮殿は、十六世紀の二度の大火で数々の傑作壁画を焼失している。それでその後は、持ち出せるように画布に描いたものを飾るようになったのだという。

画の中央には、天国でキリストから戴冠される聖母マリアが描かれている。その周りには夥《おびただ》しい数(八百人超)の聖人や天使達が渦巻くように集まり、歓喜と賞賛の眼差しを送っている。中央すぐ左下には、ライオンと共に聖マルコの姿も見える。

ティントレットは、ミケランジェロのデッサンと、師のティツィアーノの色彩を結び付けたと言われている。それにしては、全体として画が暗いように感じた。だが、渦巻く人々の迫力は、構図的には全く違うがシスティーナ礼拝堂の「最後の審判」を彷彿とさせるものはある。しかし、ここで嵐山夫人がいともあっさりと言ってのけたのである。「ミケランジェロを見る前だったら、今の十倍は感動したと思うわ」と。

この時代、偉大な人間が多過ぎる。一人一人が実に見事に天才ぶりを発揮している。しかしぼくらは、例えば建築物ならばサン・ピエトロ寺院やフィレンツェのドゥオーモ、絵画ならミケランジェロやダ・ヴィンチといったインパクトが強過ぎて、他はみんなそれに準じたものに見えてしまう。これはある意味では大きな不幸である。

天井には、例によって一面の重厚な金細工の中に、三十五枚の画が嵌め込まれている。殆どがヴェネツィアの歴史と栄光を描いたものである。その中には、ヴェロネーゼの遺作「ヴェネツィアの大勝利」もある。

この部屋の海寄りの窓からは、青緑のサン・マルコ入江、そこを行き来する大小の船、サン・ジョルジョ・マッジョーレ島などが見えた。絵画に食傷した目には、なによりの休息になる。

さて、天井と壁の間の欄間には、初代から七十六代までのドージェ（最終的には百二十代までいる）の肖像画が二人ずつ並んでいる。その中に一箇所だけ、黒地の幕が架けられている所がある。これは、君主になろうとした第五十五代ファリエロの場所で、彼は十人委員会により斬首刑に処せられた（一三五五年）。

ヴェネツィアは共和政である。従ってドージェは共和国のいわば象徴のような存在で、「君臨すれど統治せず」という立場が貫かれていた。なのに、ファリエロはなぜクーデターを起こしたのだろうか。ガイドさんによると、貴族への憎しみと老齢による思考力の衰えが原因だったという。王政アレルギーの強い古代共和政ローマで、国の実態を鑑みて帝政を構想して暗殺されたカエサルとはえらい違いである。

大評議の間を左手より出て階段を降りた辺りに、「溜息の橋」の入口があった。橋の内部は、昨日見た外観からは想像もできないほど狭い。人二人は並びにくい。失礼ながら、ガイドさんならば一人しか通れない。通路の壁は石の地が剝《む》き出しで、ぼろぼろに剝《は》がれ落ちている所もある。そこに、窓が二箇所ついている。窓には円を組み合わせた石造りの格子が嵌めこまれており、その隙間から外が見える。

リオを跨《また》ぐ橋には、今日もたくさんの観光客が群がっていて、しきりにこちらにカメラを向けていた。その向こうには、サン・ジョルジョ・マッジョーレ島と海が見えている。しかし、ここから見る海は、気のせいか灰色がかっているようだった。

ぼくらは、橋を通って牢獄の一部を見学した。天井は至る所に梁が突き出ていて、その度に腰を曲げて歩かねばならない。身長百八十五センチの大原さんは、いかにも窮屈そうだ。独房は三畳くらいだろうか。石が剝き出しで、陽は入らない。何ともいえない饐《す》えたような臭いもしてくる。まるで石の穴倉のようで、ドゥカーレ宮殿を見た後ではまさに天国と地獄ほどの落差だった。

ガラス工房

ドゥカーレ宮殿を後にしたぼくらは、ガラス工房へと向かった。ヴェネツィアングラスの製造実演を見るため（その実は、併設の店での買物を推奨するため）である。この工房への経路は、メルチェリエ通りを通った所まではっきりしているのだが、その後は路地から路地へ抜けてどこを通ったのかよくわからない。

工房は小さな水路沿いにあり、橋を渡って中へ入るようになっていた。今まで案内してくれたふくよかなガイドさんの持ち場はここまでのようで、彼女はガラス工房の職員に引継ぎをしていた。

工房正面の壁には幾つかの炉窯があり、半開きの扉からは赤々と燃える炎が覗《のぞ》いていた。左手には、実演に使う作業台が置かれている。作業台といっても、二枚の平板を二メートルくらいの間隔で平行に向かい合わせただけの簡単なもので、そこに長い金属棒を載せて実演が行われる。

工房の職員は鼻筋の通った端正な顔立ちで、イタリアンプレイボーイとでもいうべき楽天さと余裕を湛えた表情をしている。彼は流暢な日本語で、ヴェネツィアングラスの歴史を紹介した。

その後、一人の職人を「先生」（イタリアでは尊敬を込めて熟練した職人をマエストロと呼ぶ）という言葉を使って、いかにもへりくだった調子で紹介した。先生の方は、お腹がでっぷりと出た五十がらみの背の低いおじさんだった。頭が薄く、鼻がぺちゃとしたアジア系の顔立ちである。威厳を出すためか鼻の下に髭を蓄えていたが、残念ながらやや軽薄に見えた。

先生は、炉の一つに入っていた長い金属棒をおもむろに取り出した。棒の先には、どろどろに溶けたガラスが粘りついている。彼は、棒を作業台の上に物干し竿のように載せると左手でくるくる回転させながら、火箸のようなものを持った右手でどろどろのガラスを飴細工のようにつまんだり引っ張ったりする。彼が手にしている工具は、中世以来殆ど変わっていないそうだ。それにしても、やや軽薄に見えていた彼が、一度道具を持つと急に存在感が出てくるから不思議である。

先生は、ガラスが冷えて硬くなってくると、後方の炉に入れて適度に溶かす。プレイボーイの説明によると、何種類かある炉はそれぞれ温度が違っていて、その時の作業に適した所へ入れるのだそうだ。作業台が中央ではなく、端の方にある理由もわかった。炉の中へ長い棒を入れるのに、槍のように振り回す空間が必要だからである。

真ん中にくびれのある優雅なグラスが出来上がるのに、三分とかからなかった。まるで手品のようだ。後は窯の中で適度に固めるのだそうだ。あっという間のことでみんなが呆気にとられていると、プレイボーイが拍手を要求し、先生を恭《うやうや》しく持ち上げながら「今度は、馬の置物をお作りになります」と説明した。

先生は別の棒を炉から引き出すと、前より真剣な顔つきになった。今見ると、髭がすっかり馴染んでいる。彼は溶けたガラスを前より早く回転させ、火箸の動きも盛んである。今回は四、五分経ってもどこがどうなっていくのか全く見当がつかず、まだまだ馬の形は見えてこない。

しかし、何回か棒を炉に放り込んだ後で、火箸で長く引っ張った幾つかの突起が、どうやら馬の四本足であることがわかってきた。先生は足を上に上に引っ張り上げ、形を整えている。ぼくらは、足というと地に着いているイメージがあるので普通に立っている馬を想像してしまうが、彼は棒を回転させながら制作しやすいように自由自在に方向を設定していく。足だとわかると、全体像がつかめてくる。やがて馬の長い顔が出来上がってきた。よく見ると、たてがみまである。

初めはどろりとしたただの塊だったものが、息吹を吹き込まれるように次第に形を為していく。もしかしたら、神が人間や動物を創造する物語はこんなイメージなのかも知れない。そう考えると、これは職人技というより神業に近い。

やがて躍動感溢れる馬が全貌を現した。今度はみんな思わず拍手を送った。大原さんがヒューヒューと指笛を鳴らす。先生は頭を軽く下げると、髭を撫でながらその場を立ち去った。今の彼は神々しいくらいに映る。芸とは、かくも人を立派に見せるものである。プレイボーイは満足そうな表情で先生を送り出すと、「それでは二階に上がって、心ゆくまでヴェネツィアングラスをご覧ください」と促した。

階上には、色とりどりのガラス製品が所狭しと並べてあった。グラス、食器、水差し、壺、花瓶、ランプ、アクセサリー、置物、シャンデリアまで何でもある。

部屋の隅には重厚なテーブルが置いてあり、その向こう側に頭と髭がごま塩の年配のおじさんが立っていた。彼は半袖のポロシャツだったが、周りにはアルマーニのスーツを着こなした若い三人の職員が待機している。

ぼくらが揃うと、ごま塩のおじさんが口上を述べ始めた。テンポの良いべらんめえ調の日本語で、ぽんぽんと言葉が飛び出す。ユーモアも心得ており、日本の口上師も顔負けするほどだ。ぼくは、商売に賭けるヴェネツィア商人の意気込みと勉強熱心さにすっかり感心してしまった。

彼は、机の上に置いてある緑のグラスセットを取り上げて、「これは、先程皆様がご覧になった先生の作品でございます。ここにサインも入っています」と説明した。そして、なんとそれをテーブルの上の金属製の板にぱちんぱちんと叩きつけて、見栄を切る。「ヴェネツィアのガラスは、ちょっとやあそっとじゃあ割れません」

叩きつけると部屋中に大きな音が響くので、ぼくらはどきどきする。西条夫人の肩は、その度ごとにぴくんぴくんと上下していた。「これは六個がセットになっていて、送料込みで四万八千円です。送料込みですよ。ものすごくお買い得です。わたし、何度も清水から飛び降りました」。「色は……」と彼が言いかけると、周りに待機していた三人の職員がさっと動き、赤、紫、青の色違いセットをそれぞれ金の盆に乗せて机の上に置いた。

それを見届けると、再び口上師が続ける。「この中で、赤のセットだけは三千円高いです。赤はヴェネツィアングラスにとって特別の色なのです」。「この六個セットに水差しをプラスすると……」職員達は手際よくそれぞれの色の水差しを盆に載せた。「これでたったの五万五千円。ただし、赤だけは三千円高いです。皆様、このグラスでワインをお試しあれ。香りも包みこんで、旨さがぐっと増しますよ。もちろん、日本酒もＯＫね」彼の講釈《しゃく》は立て板に水だ。「さっき叩いた緑のグラスだけが割れないと思われると癪だから、今から全部叩いてみせます。よく見ていてください」と彼が言うや否や、周りの職員らがぱちんぱちんやりだした。部屋の中はものすごい音である。

それが一通り終わると、「これ以外にもいろいろあります。例えば……」この声で、盆に載せられた次なるセットが運ばれてくる。今度のものは、先のに比べて金細工の量がかなり多い。「金の細工が多ければ多いほど、値段は高くなります。これはセットで十二万します。本当は負けられないのですが、皆様とても美男美女ばかりなので特別に一割値段を引きましょう」

「もう一声」大原さんがタイミングよく合いの手を入れる。だが、活弁士は、

「それじゃあ、わたし富士山から飛び降りないといけなくなります。わたしどうなり

ます？　十二万円の一割引で十万八千円、これでもまだ高いと思う方は、最初にお見せした分をぜひ買ってください。あれも本当は九万円するのです」とうまく丸め込んでしまう。この呼吸の良さに、大原さんも為す術がない。「これらの他にもたくさんたくさんあります。品質は全て保証済みです。ヴェネツィアではどこの店よりもうちが一番安い。嘘だと思うなら見て来てください」彼の口上はこれで終了した。

「よくまあ、あれだけぽんぽん喋られるわね。並みの日本人よりよほどすごいわ」

　嵐山夫人の言葉は、みんなの気持ちを代弁していた。

　ぼくはこの口上師の話につい吊られ、四万八千円のセットを買ってもいいかなと思っていた。あれでワインを飲んだら気分が沸くだろうなと考えたのである。

　しかし、所狭しと並んでいるガラス製品のグラスだけを見渡してみても、もっと斬新で優雅で魅力的なデザインのものがいっぱいある。口上師が説明していた時には一種類だけに目が行っていてよくわからなかったのだけれども、こうして比較してみるとあのセットではどうも見劣りするような気がする。

　デザインだけでなく、色もそうである。吸い込まれるような透明感のあるもの、絵の具をぶちまけて弾けた感じがするもの、渋い味わいがあるものなどが目白押しなのである。それは、特に赤色に顕著である。中には、おどろおどろしくて霊が籠っていそうなものもある。それらは、単品でセット価格に匹敵する。桁の違うものもある。

瀬戸物問屋の森田さんは、しきりに唸っていた。「扱うものは違いますが、とても勉強になります」。彼は、「まだ若くて修行も積んでいませんから」と言うが、少なくともぼくらよりは見る目が備わっている筈である。その彼が言うには、「四万八千円のセットはいかにもデザインが単純で、金細工もちゃちです」

彼の言葉を参考にして「いいな」と思うものを見てみると、手が出ない値段である。口上師に舞い上げられていたぼくの気分は、すっかりしぼんできた（それに、今回は買物はしない覚悟だった筈だ）。

しかし、この店の職員はなかなかしつこい。見ている傍に寄って来ては、なんだかんだと講釈を垂れる。ごま塩口上師以外の若手職員も、みんな流暢な日本語を話すのである。「また来ます」とごまかしても、迷路のようなこの街では二度とこの店に来ないだろう（いや来られないだろう）ということを彼らは十分に察していて、なんとか今買わせようと必死である。

少し離れた所で、大原さんが無謀な値切りを試みていた。なんでも、五セットで二セット分の値段にならないかというような談判である。どうやら、嵐山夫人も加担しているようだ。店員は為す術もなく向こうへ行ってしまった。なるほど、そういう手があったのだ。

結局この店では、ヨーロッパ旅行の記念ということで西条夫人がビロードのように鮮やかな深紅のワイングラスを一つ買った。値段は単品で五万円である。ご主人の方は次のように話していた。「ぼくは、あの四万八千円のセットでよかったんですがね。あれでワインをちびりちびりやろうと思ってたんですよ（考えることは皆同じである）。女房が買った奴だと飲めたものじゃない。まあ、今回の旅行は彼女のためのものだから仕方ない。ガラスのケースにでも入れて、しっかり飾っときますわ」

カフェテラスレストランでの昼食

この後、ぼくらはサン・マルコ広場に戻った。ヴェネツィアも二日目になると、この広場へ来るとなんだかほっとする。その後一旦ホテルへ戻って、昼食のレストランへ出掛けた。レストランはホテルから北へ三分ほどの所だったが、それでも今度一人で行けと言われると怪しい。

レストランは比較的広いカンポ（広場）にあり、そこへ天幕を張り出してカフェテラスが作られている。ぼくらはその一角に席を占めた。天幕で直射日光が遮られ、涼風が吹き抜けていく。テーブルには純白の卓布が掛けられており、これも誠に気持ちが良い。もう一時前なので、みんな空腹である。

ウエイター達はそろいの白のスーツ、黒の蝶ネクタイに身を包んでいる。ぼくらの担当になったウエイターは背が高く、色が浅黒く、髪の毛も少しカールしている。南方出身だと思われる。それを実証するかのように、とても明るくて人懐っこい。

林さんが書類を見せると、彼は「皆様お待ちしておりました。ごゆっくりどうぞ」と片言の日本語で愛想を振りまく。ここで林さんが西条さんに目配せした。西条さんは一つ大きく咳払いして、「ヴィーノ・ビアンコ、ドーエ」と注文した。ウエイターは微笑みを湛えながら、「了解、了解。白ワイン二本ね。とても美味しいよ」と愛想良く確認する。ラヴェンナのレストランとは、えらい違いである。

前菜はクモガニのサラダだ。ラヴェンナ以来待ち焦がれていたものである。クモガニというから小さい蟹かと思っていたら、なんのことはないズワイガニである。その甲羅にボイルしたほぐし身が入っている。少しだけオリーブオイルとレモンで味付けされている。ここにさらにレモンを搾《しぼ》って食べる。

それから、イカ墨のスパゲティが出た。西条さんが、「ついに出ましたな。いつ出るか出るかと、首を長くして待ってたんですわ」と喜ぶ。少しトマト味が入っていたように思う。みんなお歯黒のようになってしまうが、それをネタにさらに食が進む。ワインも進む。もう二本とも空である。浅黒いウエイターが目敏く見つけると、西条さんに「モア、ヴィーノ・ビアンコ」とウインクする。もちろん誰も異論はない。彼は二本持って来て、一本はサービスだと言った。

しばらくすると、彼がぼくの横のテーブルでナイフとスプーンで魚を捌《さば》き始めた。ぼくがカメラを向けると、例によって「ちょっと待ってください」と身だしなみを整え始める。ナイフとスプーンも改めて持ち直す。ぼくは自然な姿を撮りたかったのだが、彼はどうしても身構えてしまう。目もついついこちらへ向きがちである。

彼は、ナイフとスプーンで二匹の大きな魚の身をほぐし、他の付け合わせと一緒に十数枚の皿に盛り付けている。ぼくが、何の魚かと英語で尋ねると、「スズキ」と答えた。そして、鼻歌交じりに「トヨタ、ホンダ、マツダ」と冗談を言う。

やがて人数分の盛り付けができると、他の二人の同僚ウエイターを呼んで、それを運ぶ手筈を整えた。そして、ぼくに三人の写真を撮ってくれと頼む。髭を蓄えた二人の同僚は、皿を持った彼を真ん中にして、これも愛想のいい微笑みを浮かべている。タキシードのような白の上着に黒蝶ネクタイの三人が並ぶと、トリオ・ロス・パンチョスか何かのような雰囲気だった。大原さん、森田夫人、嵐山夫人も撮影会に参加し、彼らはその度に笑みを振りまいていた。

鐘楼

昼食が終わると一旦ホテルへ引き揚げた。しかし、ぐずぐずしている暇はない。今日の夕方はゴンドラ運河巡りがあるし、明日も夕方からは島巡りの予定になっているのでいくら時間があっても足りないのだ。ぼくらはTシャツに着替えるとすぐにホテルを出た。

まずは鐘楼に上った。街の全景を見ないことには、どうも落ち着かないのである。この鐘楼は物見の塔として九世紀に創建され、十二世紀から十四世紀にかけて増築され、十六世紀の初めには今のような姿になったという。向かいのサン・マルコ寺院の絢爛さとは対照的に、レンガを積み上げただけの質素な造りである。しかし、レンガのベージュ色、展望バルコニーの白大理石の色、その上の四角錐の緑色が落ち着いた調和を見せている。

高さは九十八メートルで、エレベーターで上ることができる。ぼくらが行った時は多少の行列ができていたが比較的すぐに上れた。この鐘楼は一九〇二年七月のある朝突然崩れ落ちたというエピソードを持つ（十年後には忠実に復元された）。それはどこの国のガイドブックにも載っているようで、敬遠する人も多い。現に、西条さんもその理由で上らなかった。光子の父も同じである（義母は一人で上ったらしい）。

鐘楼からの眺めは絶景である。眼下は「世界で最も美しい客間」である。そこには豆粒ほどのたくさんの人と、それに負けない数の芥子粒の鳩、そして整然と並んだカフェのテーブルが見える。広場の周囲には赤レンガの屋根の家並みが、立錐の余地もないほど被い重なるように広がっている。それをこの客間が、長方形（正確には台形）の枠で堰《せ》き止めたかのようである。

東側から見下ろすと、サン・マルコ寺院の大きな五つのドームがお椀を伏せたように見える。隣のドゥカーレ宮殿の屋根は、ここだけ白く輝いている。また、円柱に載る有翼のライオンや聖テオドーロも遥か下である。

ヴェネツィアの街の周りには碧《みどり》のラグーナが拡がり、大小様々の船が白い波を曳いている。サン・ジョルジョ・マッジョーレ島の向こう側には、軍船のように大きな船が停泊していた。その遥か向こうには、ラグーナを抱いた格好で細長く横たわるリド島が見える。その外はアドリア海である。こうしてみるとヴェネツィアは、外界から遮断された自然の要塞であることがよくわかる。

北西の方向にはリベルタ橋が伸びており、その彼方には本土が見えている。この方面の空は曇っている。スモッグがかかっているのかも知れない。ぼやーっと霞んだ中に、工場のたくさんの煙突群がシルエットのように並んでいる。リベルタ橋の彼方とこちら側では、全く違う時代を見ているかのようである。

迷路

ヴェネツィアの街は、立ち止まった所、目の向いた方、どこでも画になる。光子は、橋の階段でも路地の地べたでも、どこかしこお構いなく座り込んでスケッチに励んだ。スケッチを続けながら、ぼくらは街の迷路に身を任せた。適当に小路から小路へと入り込んで行ったのである。

目抜き通りから少し奥へ入り込むと、人影が嘘のようになくなる。さんざめきも、ふつりと消える。まるで皆が神隠しに遭ったようだ。周りには、密集した建物の高い壁と、次々と枝分かれしていく小路が続いているばかりである。

路の幅は、だいたいが軽自動車一台分くらいである。しかし、建物と建物の隙間を縫うような、人ひとりがやっとという道もある。中には、体を斜めにして擦《す》り抜けなければならないような路地もあった。

だが、路地だと思って馬鹿にしていると、その先に立派な橋が架かっていて、結構重要な通りだったりする。逆にわりと大きな通りだと思っていたのが、途中で急に細くなったり袋小路になったりする。路地の両側は四、五階建ての建物が切り立っているので、全く見通しが利かない。まさに迷路なのである。

その迷路が、至る所で出合ったり分かれたりする。行き止まりにもぶつかる。また、建物の一部を貫通したトンネルのような通路（ソットポルテゴ）があちらこちらにあり、そこを潜《くぐ》り抜けると今までと全く違う横丁が出現する。ソットポルテゴは異次元への入口のようで、街の迷路化に一層拍車をかけている感じがする。

さらに、小路が突然リオ（小運河）に出くわして、それ以上進めない箇所も多い。だが、本来はそこからはリオを通っていくのだろう。ちゃんと小舟が停められるようになっている。リオの周辺には人影がちらほら見える。だから、殆ど人の姿の見えない抜け殻のような陸の迷路が長く続いた後では、リオに突き当たるとむしろほっとする。それくらいこの街では、水路の方が重要なのだろう。

リオは、街中に網の目のように張り巡らされている。まるで大動脈から分かれて、次第に細くなっていく毛細血管のようだ。そして至る所に橋が架かっており、様々な場所が複雑に繋がっている。すぐそこに見えている場所でも、ぐるぐる迂回しないと到達できないことが多い。なにしろこの街は百二十の小島からなり、それが四百近い橋と百七十を超える水路によって複雑に結ばれているのである。

ヴェネツィア散策で難しいのは、元来た道を戻る時である。角を二、三回曲がってしまうと、同じような小路、同じようなリオ、同じようなソットポルテゴが繰り返しあるため、たちまち方向がわからなくなってしまうのだ。

橋上でスケッチしている光子を、一つ向こうの橋から写真に撮ろうと思った時のことである。向こうの橋はすぐそこにあるのに、右折左折を複雑に繰り返さなければ行くことができない（光子の姿はすぐ見えなくなってしまった）。

それでも、往路は比較的簡単に到達できた。だが、帰り道は冷や汗をかくことになった。特徴的な建物がないので、どの方向を見ても同じに見えてしまうのだ。その時はお互いに大きな声で呼びかけ合い、事なきを得た。相手の声は聞こえるのに姿は見えないというのは、非常に不可思議な感じである。

狭い町だから迷い込んでもどこにでも簡単に出られそうなものだが、さに非ず。同じ所を堂々巡りするという危険性がある。映画「迷宮のヴェニス」では、深夜、レストランからの帰り道に迷ったカップルが同じ所をぐるぐる回っているのに気が付き、諦めて路上で一夜を明かすシーンがあった。

さて、この街には、奇妙で不思議な空間が、所々に存在している。人ひとりがやっとという路地を擦《す》り抜けるように進んでいくと、突然四方を建物に囲まれた小さな空き地のような場所に出くわす。それは三メートル四方くらいの小さな空間で、周りの建物はどれも六、七階建てである。上を見上げると、切り取られた空が見える。直射日光は地面までは届かず、大きな井戸の底みたいである。

四方の建物には、どの階にも窓がたくさんある。しかし不思議なことに、この空間に通じる戸口はどの建物にも見当たらない。窓から飛び降りない限りこの場所には直接来られないのだ。通じているのは、今ぼくらが通って来た狭路と、向かいから抜けて行く同じような小路だけである。

ここよりもう少し広い場所もあったし、完全に袋小路になっている所もあった。隣り合う建物間でロープを繋げて、洗濯物を干している所もあった。いったいこの空間は何なのだろう。子供達が遊んでいるわけでもないし、カフェテラスがあるわけでもない。中庭というには殺風景過ぎる。火事の類焼を防ぐための空き地かとも思ったが、それにしては狭過ぎるし防火水槽などの設備もない。

後から後から建物を目一杯建てていった結果、どうしようもない空間ができてしまったのだろうか。それにしてはこのような空間の数が多いように思うし、もっと共同の空間としてみんなで利用できることを考えるのではなかろうか。まさか洗濯物を干すための場所というわけではあるまい。

ない知恵を絞ってぼくらが到達した結論は、これは明かり採りの空間ではないかということだった。この街には重なるように建物が建っているため、明かりが全く入らない部屋も多いと思われるからだ。だが、真相はもちろんわからない。

このようにして時間を忘れて迷路を巡っていると、急に人通りの多い所へ出た。なんとなく見覚えがあるような気がする。しばらくしてやっとわかった。それはメルチェリエ通りだった。そこから人の流れに乗っていると、すぐにリアルト橋に着いた。ぼくらは、サン・マルコ広場の北のほんの一画をうろうろしていたわけである。

マルコ・ポーロの家

ガイドブックによると、ここから程遠くない所に「マルコ・ポーロの家」があるようなので、そこへ行ってみることにした。

まずは旧ドイツ商館の方へ歩いていく。地図は大雑把で、細かい道筋まではわからない。適当に目星をつけて右に曲がってみる。本道から外れると、人通りは急に少なくなる。そこをしばらく行くと何棟かからなるアパートメント風の高い建物に突き当たり、道はそこで行き止まりになった。

ちょうど戸口から出てきたおばさんがいたので、「フェアー・イズ・マルコポーロズホーム？」と尋ねてみた。おばさんは大きく頷いてはくれたものの、イタリア語でべらべら喋るだけでちっともわからない。

仕方なく元来た道を戻った。三分もするとすぐ人波に押されるようになる。この街は過疎と過密がまだらになっているようだ。ドイツ商館近くの橋まで戻り、今度はおじさんに尋ねてみた。だが、やはりイタリア語で喋るだけで埒が明かない。どうやら観光に携わっている人以外は、英語がわからないようだ。ようやく英語が通じたと思った相手は観光客で、彼は悲しそうに「アイドントノウ」と肩をすくめた。

仕方ない。後はチャレンジするのみである。問題は、ガイドブックの地図が示している右折をどこでするかということである。その地図によると、右に折れる道はかなり大きく書かれている。ぼくらは前より広い道を右に曲がってみた。だが、今度も重厚な建物にぶつかって、それ以上進めない。

もう一度後戻りして、もう少し先を曲がってみた。今回は行き止まりにはならなかったが、いくら歩いてもそれらしきものは見えてこない。それどころか、だんだん違う方向へ反《そ》れているような感じである。人の姿も殆ど見えなくなってきた。

また失敗だと引き返そうと考え始めた時、意外にもサン・マルコ広場への方向を示す標識が目に入った。もう足もだいぶ疲れていたので、残念だがマルコ・ポーロの家は諦め、このまま標識に従って真っ直ぐ進むことにした。

帰国して少し詳しいガイドブックを調べてみると、次のように書いてあった。「ドイツ商館の前を通り過ぎ、橋を渡り真っ直ぐ行って教会の手前の道を曲がる。トンネルのような道を潜《くぐ》り抜けてずっと奥に入っていくと、二つ目の中庭にある」。ヴェネツィアで目的地を探すには、大雑把ではなく用意周到でないとだめだという教訓である。

また、マルコ・ポーロの家というより、「コルテ（中庭）・デル・ミリオン」と言った方が通じやすいとも書いてあった。それは、マルコが東方旅行から帰った時に、百万単位の大袈裟な話ばかりするので、家が百万屋敷と呼ばれていたかららしい。

サンティ・ジョヴァンニ・エ・パオロ広場

先程見つけたサン・マルコ広場への標識を信じて真っ直ぐ歩いているのだが、あれから標識は全然見当たらない。この辺りは、リオの幅がやや広い。家々の玄関はリオに面しており、ボートがそこかしこに浮かんでいる。窓には洗濯物が吊り下げられたり、壁のちょっとした出っ張りに植木鉢が載せられたりと、庶民の匂いが滲み出ている。だが、人影は殆どなく、観光客を探すのは至難の業だった。

今どの辺りを歩いているのだろう。少し心細くなってきた時、かなり大きなリオに行き当たった。そして、そこを跨《また》ぐ橋を渡ると大きな広場だった。広場正面には、焦げたようなレンガを積み上げた馬鹿でかい建物が聳えている。左手には、それとは全く対照的な白大理石の優美な建物が見える。

馬鹿でかい建物には、珍しくプレートが付いていた。「Santi Giovanni e Paolo」と読める。サンティ・ジョヴァンニ・エ・パオロ教会だろう。ということは、ここは同名の広場だということになる。ガイドブックを調べると、この広場はサン・マルコ広場に次いで有名なものだと書いてある。

しかし、ぼくらはそこに立ってぞっとした。人が誰もいないのである。狭隘《きょうあい》な場所で人影が見えないのはさほどでもなかったが、こんなだだっ広い空間に人っ子ひとりいないのは不自然である。その上、建物がやたら大きいので、不気味さが倍増されるのだ。

教会のファサード横には、大きな台座に載った青銅の騎馬像が建っていた。それが落とす影を見ると、ぼくと光子はキリコを思い起こさずにはいられなかった。シュールレアリスム絵画の大家である。無人の広場、大きな建物、長く尾を曳く銅像の影。どれもが彼の画に繰り返し繰り返し現れる主題で、神秘、寂寞、憂鬱が込められている（ぼくは、彼の「街の神秘と憂鬱」は絵画の最高傑作だと思っている）。

L字型をした広場を曲がると、天幕を張ったカフェがあった。が、そこにも人は誰もいなかった。カフェの向こうには三階建てや五階建ての古いアパートメントが何棟か建っている。これもひっそりとして人の気配が感じられない。手前には馬鹿でかい教会の赤茶けたレンガ壁だけが長く長く続いている。まるで死んだ街のようである。

ぼくらは、それこそキリコの画の中に迷い込んでしまったようだった。ぼくは、今でも時々この広場の光景を夢に見ることがある。それはいつも憂愁に満ちていて、全身の毛孔から染み込んできそうな、ぞくっとする寂寥感を伴っている。

今これを書くに当たって、改めてガイドブックやその他の本を見ているのだが、どれも、教会のファサードや「スクオーラ・ディ・サン・マルコ」（白大理石の優美な建物）の前、あるいは「コッレオーニの騎馬像」周辺には、ある程度の人々が戯れている。ぼくらは、なにか隙間のような奇妙で不可解な時間に遭遇してしまったのだろうか。これこそ、まさに街の神秘である。

ぼくらはこのぞっとする広場から抜け出したい一心で、早足で突っ切って行った。一つの小路にサン・マルコ広場への標識が見えた。ほっと胸を撫で下ろす。その通りをずんずん歩いていくと、人の数がだんだん増えてきた。それと共に、標識もやたら目立つようになる。この道はやがてメルチェリエ通りと交わった。メルチェリエは相変わらず人の洪水だった。ここにいると、つい今しがたまで目にしていた無人の広場の光景は、夢か幻のように思われてくる。

ふと気が付くと、ぼくらの目の前に買物をしている森田夫妻の姿があった。しかし、それも幻のようで、すぐには声がかけられなかった。

ゴンドラ運河巡り

ホテルに戻ると、休憩もそこそこに六時にロビーに集合した。ゴンドラ運河巡りに出かけるためだ。これはオプショナル・ツアーなのだが、わがツアーメンバーはもちろん全員参加である。特に申し合わせたわけでもないのに、男性はネクタイにスーツ、女性もみんなドレッシーな服装だった。ゴンドラの客達を陸から見ていると、みんなそういう格好をしていたのである。

ホテルからサン・マルコ広場とは反対の方へ向かう。少し歩いて南に曲がると、大運河に面した船着き場があった。ゴンドラには歌い手さんとアコーディオン弾きも乗るそうである（彼らはもう乗り込んでいた）。従って総勢十二人ということになり、ゴンドラは二艘に分かれる。林さんが、「一方の舟に歌い手さんが乗ります。くじを作ってきましたから、これで皆さんの乗る舟と座る場所を決めてください」と言った。すかさず、嵐山さんが提案した。

「新婚さん二組に歌い手さんが乗る方へ乗ってもらったらどうでしょう」これに対し、大原さんは森田夫妻の方を見ながら、「いいえ、くじで平等に決めましょうよ」と答える。彼の奥さんも森田夫妻もしきりに頷いている。だが、

「いや、新婚は一生に一回しかないのだから二組が乗ったらいい。中津さん、いいですよね」という西条さんの鶴の一声で、話は決まった。

ゴンドラは実に奇妙な乗り物である。人間二人が横に並ぶのがやっとの幅である。だが長さは十メートルを超え、陸から見るよりかなり大きい。両端は弓のように反り上がり、とても不安定なように見える。その上、ゴンドリエーレが立つことも考えて、左右非対称に作られている。

そしてなにより、棺を思わせるような黒色が特徴である。元々は様々な色があったようだが派手さが問題になり、いつの時代かに法令で黒に統一されたそうである。これはひょっとすると、当時の評議員達が女性と密会しやすいようにゴンドラを闇に紛れるようにする策略だったのではないかと、ぼくは疑った。

ゴンドラは、カヌーのように内部が刳《く》り抜かれている。そこに、背もたれのある布張りの椅子が二つ設《しつら》えてある。布の色は、舟体の黒に揃えてある。三人目からの客のためには、背もたれのない椅子（これまた黒塗りである）が持ち込まれる。

乗り込む時には、ゴンドリエーレが一人一人の体を支えながら慎重に手引きする。それでも乗り手の方は、この際どい乗物のバランスが崩れはしないかとひやひやものである。だが、ゴンドラが転覆している所は見たことがない。長い年月の間、この街の人々の生活に溶け込んできた乗物なのだから、この不思議な形にはよそ者にはわからない安定、あるいは漕ぎやすさの秘密が隠されているのだろう。

ぼくらの舟では、歳に敬意を表して背もたれ椅子に西条夫妻に座ってもらい、後の者は持ち込み椅子に腰かけた。ただしバランスの関係で、ぼくだけは船首近くに後ろ向きに座ることになった。嵐山さんが気を遣って、「後で席を替わりましょう」と言ってくれたが、林さんが「危険ですから、座席の移動はできません。それから、むやみに立ち上がったりしないようにしてください」と注意した。新婚組の方は森田夫妻が特等席に座り、ぼくの場所には歌い手のおじさんがいる。

ゴンドリエーレは、刳り抜きの外の一段高くなった艫《とも》（船尾）に赤い羅紗のような敷物を引いてそこに立つ。そして、この細長い大きな乗物を長い一本の櫂《かい》だけで実に巧みに漕いでいく。バランスに気を付けなければいけないし、橋の下では身を屈めなければ頭をぶつけてしまう。また、曲がる時には車でいえば大型トレーラー並みの技術が要りそうだ。交差点ではお互いに声をかけ合いながら、信号の役目も担う。

彼らは親方のもとで修業を積み、ヴェネツィア史と外国語の試験にパスすると、晴れて独立するのだそうだ。今ぼくらの船を漕いでいるゴンドリエーレ達は、熟年と初老のベテラン風だが、二人ともそこいらの若い者より腕っ節は強そうである。そして、寡黙で、どちらかといえば無愛想なタイプで技術一本の職人肌である。

ゴンドラは大運河からすぐに小さなリオへ反れていった。両側には寂れた波止場にありそうな古い倉庫のような建物が続いている。建物の壁はレンガが剥がれ落ちたり、水際が崩れ落ちてぼろぼろになったりしている。普通の街ならばスラム街に見えるところだが、ヴェネツィアではそれが一つの風情になってしまうから不思議である。

ゴンドラがこの建物列の間に入ると、お腹がはち切れんばかりの歌い手のおじさんが、すっくと立って歌い始めた。朗々とした歌声である。マイクもないのに、ローマのカンツォーネレストランの歌い手よりもよく声が通る。おそらく、周囲の建造物が音響効果を抜群にしているのだろう。もちろん彼はそのことを知っていて、タイミング良く歌い始めたのだ。アコーディオンの音も、軽やかに運河の上を滑っていく。

ふと見ると、前方の橋の欄干にもたれて、しきりに手を振っている人がいる。林さんだ。彼女の周りには数人の外国人観光客も集まっていて、こちらが手を振ると愛想良く振り返してきた。

ギャラリーが多いと、歌い手のおじさんはなお張りきる。一曲が終わりかけていたのだが、音を伸ばし伸ばし間を持たせる。そして、橋の手前でギャラリーの方を見上げながら声を一層張り上げ、最後は指揮者のように手を振り上げてぴたりと終わらせた。ぼくらのゴンドラからだけでなく、橋の上からもやんやの喝采が起こる。観光客同士の連携が簡単に出来てしまうのも、ヴェネツィアの特徴である。

それにしても、歌い手のおじさんのお腹とお尻は立派である。まるで象のようだ。顔は南方系で、とても人懐こく大らかである。カメラを向けると、立って歌っていようが休憩のために座っていようが、例によって必ずVサインを作る。新婚組の舟がだいたい先行しているのだが、運河の広い所では二艘が横に並ぶ。その時おじさんは、必ずこちらに顔を向けてサービスしてくれる。

アコーディオン弾きの方は、五十代前半くらい。珍しく眼鏡をかけ、髪をきっちり七三に分けたインテリっぽい顔立ちである。少し神経質そうにも見えるが、実に軽快な音色を聞かせてくれる。歌い手のおじさんとのコンビネーションは抜群で、二人は目配せをしながら音の長さを自由自在に伸縮していた。

ゴンドラは、下町っぽい一画を通っていく。アパートメントの路地裏（いや、この街ではこちらが正面だ。戸口にはボートが置かれている）の小さな出窓やベランダには、植木鉢がたくさん並んでいる。郷愁を誘うガス燈も、軒から張り出している。

かと思うと、角を曲がった正面に、馬蹄形のアーチや円柱のある立派な建物も見える。リオの幅が少し広くなると、アーチがたくさん並ぶ船着き場がある。ここから物資を運搬するのだろう。

そのうち、前方に背の低い太鼓橋が見えてきた。ゴンドラの反り上がった両端が通過できるかどうか微妙な高さである。しかも、その橋の所で、水路は直角に曲がって

いる。なかなかの難所だと思われる。

ゴンドリエーレはスピードを落とし、櫂を慎重に持ち直した。そして、船体を振って徐々に回転させ始めた。次に、舳先《へさき》の反り上がった部分を太鼓橋の橋脚のアーチの中央部に合わせながら、ゆっくりゆっくり進んでいく。その後は、橋下を通過している箇所が常に支点になるように船体を回転させていく。

彼らは立ったままこの作業を続け、自分の体が橋脚にぶつかりそうになるぎりぎりの所まで来るとさっとしゃがみこむ。そして今度は、しゃがんだまま微妙に櫂を動かし、反り上がった艫《とも》を通過させていく。

この難所を無事通り抜けると誰からともなく拍手が起こった。しかし彼らは表情一つ変えず黙々と舵を取っている。難所に限らず、曲がり角では壁を足でぽんと蹴ったり櫂でとんと突いたりして、作用反作用を応用した高等技術を次々と披露してくれる。

それにしても彼らの漕ぎ方はとても優しく丁寧で、水に浮かんだ黒塗りの漆器を扱うかのようである。そこには、ゴンドラに対する愛情が溢れている。これぞ、職人気質というものだろう。

ゴンドリエーレ達にとっては障害物ということになろうが、運河から見るヴェネツィアの橋はとても楽しい。どんなに小さなものでも、装飾やアーチの形にそれぞれの表情があり、どれも個性を持っている。造り手の「自分はこういう橋が造りたかったんだ」という主張が表現されているかのようで、ぼくはすっかり感心してしまった。

それは、水路に並ぶ建物群にも当てはまる。大運河に面したもののように壮麗華美ではなくとも、それぞれに独特の表情と味わいがある。

こうしてみると、この街にあるものは橋にしろ建物にしろ、ヴェネツィアングラスにしろ、またゴンドラにしろ、全てのものが規格品ではなく、職人の手によって一つ一つ丹精込めて造られた工芸品だということが言える。そしてもっと言えば、今ぼくらが通っている集積回路のように張り巡らされた水路、さらにはその上に造られた寄木細工のようなこの街自体が、工芸作品の集大成なのだ。

このように考えると、ヴェネツィア、いや広くイタリアは、「ものづくり」という人間本来の基本的特性をずっと継続している国だと言えるのではないだろうか。

それに比べて日本は、その特性をどんどん捨て去ってしまいつつあるように思う。中小のものづくり工場しかり、農業しかりである。若い世代はみんな情報とかサービスとかいった第三次産業になだれ込んでしまう。

確かに、現代の高度情報化社会や高度消費社会ではそういう仕事は必要不可欠であるが、それ一辺倒というのはいかがなものだろう。トヨタもパナソニックもソニーも、みんな最初は素朴なものづくりから始まっているのだ。もう一度日本も、地道にものをつくるということ、そしてそこからしか得られない充足感といったものを考え直してみる必要があるのではないだろうか。

さて、小さなリオには、ゴンドラ以外にも手漕ぎの舟や一人乗りの小さなカヌー、小型のモーターボートなど様々な船が航行する。このうち、モーターボートによる波の影響は深刻だと聞いた。それは、水路に面した建物の壁を徐々に浸食するのである。この工芸品のような街には、本来機械化されたものは馴染まないのだ。

リオには交通標識もたくさん取り付けられている。お馴染みのSENSO UNICO（一方通行）や、進入禁止、右左折禁止などが目立つ。船は左側通行で、車と同様交差点では直進が優先である。まさに、水路は住民にとって生活道路なのである。

ぼくらを乗せたゴンドラは、この生活道路をあちこち曲がりながら、複雑な経路で進んで行った。角を曲がる度に、次々と個性的な橋や建物や広場が出現する。ゴンドラからのヴェネツィアの眺めは飽きることを知らない。その中を、歌い手のおじさんの精力的な歌が続く。

そうこうするうちに、再び大運河に出た。狭いリオから大運河に入ると、まるで川から大海へ出た感がする。眼前には、大小のドームを戴く見覚えのあるサンタ・マリア・デッラ・サルーテ教会が現れた。歌い手のおじさんがこの教会をバックに、名残を惜しむように最後の一曲を歌い上げた。

ハリーズ・バーでの夕食

下船した場所は、サン・マルコ船着き場（小広場の西）である。ぼくらは、そのすぐ前にあるハリーズ・バーに入った。十二日間の旅程の中で、今日だけが夕食が付いていなかった。だが、嵐山さんが同僚からこの店を薦められており、特にこれといった当てのない他のメンバーはそれに便乗することになっていた。そして、これも彼の提案で、林さんを招待することに話が決まっていた。

ハリーズ・バーは、一九三一年開業の老舗《しにせ》で作家や画家の御用達も多いという。特にヘミングウェイが頻繁に通っていたのは有名である。

一階は文字通りバーで、食事席は二階である。そんなに広くない店内はとても賑わっていた。だいたいがカップル、多くても四人くらいまでの客で、普通はツアー客がどやどやと入るような店ではない。それでもぼくらのために、全員が一堂に座れるように席が設《しつら》えてあった。

だが、数えてみると椅子は十脚しかない。予約を依頼する時に「林さんもご一緒に」と言ってあったのに、彼女はどうやら遠慮したようである。その場でも、「わたしのお給料ではこのお店には来られません。お料理の注文と説明をして、また最後にお迎えに参りますから、皆さんでどうぞお楽しみ下さい」と言う。皆が、「われわれみんなの招待ですから」と代わる代わる勧めても、その都度固辞する。会社からもきつく言われているのだろう。

注文を取りに来たウエイターはこの様子をしばらく見ていたが、埒が明かないと思ったのか向こうへ行きかけた。その時、西条さんが「ジャストモーメント」と彼を待たせ、その後林さんに向かって大阪弁で話し始めた。

「林さん、みんな気持ちよう奢るつもりやのに、ぼくらに恥かかせたらあきまへん。それに、あなたがおらんようになったら誰も追加注文できへんで、みんな恥かきますがな。ここは、おとなしゅうぼくらの言うことを聞いてくださいや。林さんが帰る言うんやったら、わたしも帰りまっせ。なあ、＊＊子」

「そうやわ」と奥さんがすかさず、合いの手を入れる。

西条さんは今までも度々大阪弁を使っていたが、ここまで生々しくはなかった。こういう時大阪弁はとても便利なのだ。同じことを言うのでもずいぶん柔らかくなる。それに喋っているのが他ならぬ西条さんなのでことさら説得力がある。それで林さんも折れて、「それではお言葉に甘えまして」と、ぺこりと頭を下げた。西条さんは、「そうこな、ほな中津さん、白ワイン何本いきまひょ」とぼくの方に振ってきた。ぼくもつい釣られて答えた。「そうでんな、ほなとりあえず二本ほどいきまひょか」

食事の席は、大阪弁を皮切りに方言の話で大いに盛り上がった。森田夫妻は名古屋弁を喋るし、嵐山さんと林さんは新潟の出身である。大原さんは群馬弁を披露したし、彼の奥さんとぼくは四国弁を紹介するといった具合で話には事欠かなかった。

料理は「今日のお薦めAコース」というものになった。この店の名物カルパッチョがこのコースに入っていたからである。カルパッチョというのは、要するに牛肉の刺身である。ヒレ肉の薄切りをマヨネーズベースのソースで食べる。ぼくは、ユッケとハムを合わせて二で割ったような味だと思った。これがワインに良く合う。

それにしても「生ものは殆ど食べないイタリア人なのに」と思っていると、林さんが説明してくれた。なんでも、厳しい食事制限で調理した肉は食べられない貴夫人のために、創業者チプリアーニが即興で作ったのが始まりらしい。そしてちょうどその時に、ヴェネツィアでルネサンス期の画家カルパッチョの回顧展が開かれており、画家独特の赤い色を連想させるところから彼の名前を料理名に冠したのだという。

料理はスープから始まり、前菜がこのカルパッチョ。パスタは、ホウレン草入りのグリーンのきし麺タイプのものと、グラタン風のマカロニタイプの二種類。魚料理は蟹の爪を中華風に揚げたものだった。イカ墨のリゾットも出て、ぼくはこれが一番気に入った。イタリアの米は、炊き込むのにとても適しているのではないだろうか。

最後はケーキである。確か三種類の中から選ぶようになっており、ぼくはフルーツケーキ風のものを頼んだがお腹が一杯で殆ど食べられなかった。女性陣はなんだかんだと言いながら、他の人の分も切り分けて三種類を味わっていたようである。光子によると、ここのチョコレートケーキは最高の部類だという。

みんな大いに食べかつ飲み、話も盛り上がって店を出た。嵐山さんが勘定をして、みんなで均等に割った。一人一万円強である。この中には当然林さんの分も入っていると思っていたのだが、あとで嵐山さんと話すと彼女の分は彼が払ったと言う。

「それでは話が違うじゃありませんか」とぼくが言うと、彼は「実は自分達はヴェネツィアの後、単独でミラノに行きそこでもう二泊する予定なんです。そのあたりのややこしい手続きを彼女にやってもらったので、礼がしたかったんです」と言う。

「せめて半分でも出しましょう」とぼくは言ったが、「これは自分の気持ちだから」と彼は手を振り、「他のみんなには内緒ですよ」と念を押された。

ホテル・ダニエリ

ハリーズ・バーからの帰り道、林さんが「よかったら、後でホテル・ダニエリのバーへ行ってみませんか」と誘ってくれた。集合時間を九時半に決めて、一旦みんな自分の部屋に戻った。

この「ダニエリッツアー」に参加したのは、大原、森田両新婚夫妻とぼくらの三組である。夜のサン・マルコ広場と小広場を抜けて、サン・マルコ入江沿いにドゥカーレ宮殿を二軒東へ行った所がホテル・ダニエリである。濃いローズ色の壁が印象的で、上層階の中央部には例の四花弁の刳《く》り抜きのあるバルコニーがある。これは十四世紀にダンドーロ家が建てた豪邸を、十九世紀の初めにダル・ニエル（ダニエリは彼のニックネーム）がホテルに改造したもので、五つ星の超一流である。

一階は、全体が広いホールである。吹き抜け箇所も多く、天井は高い。さりげなく置かれている調度品は、年季の感じられる木製や大理石製で重厚感に溢れている。コンシェルジェスペースには、このホテルの名物となっている赤房の着いた客室キーがずらりと並んでいた。

バーのスペースには、花弁を思わせるデザインのヴェネツィアングラスのシャンデリアが吊り下げられ、床には毛足の長いふかふかの絨毯が敷かれていた。そして、テーブル席には、体がすっぽり隠れるほどの大きな肘掛椅子と装飾的な木製のテーブルが置かれている。隣席までの距離はずいぶん長いのだが、きびきびした二人のボーイがぼくら七人のために二セットを繋げてくれた。

桃のカクテルやウイスキーを飲みながら、超ゴージャスなホテルでぼくらはゆったりした気分を味わうことができた。話題はいろいろな所を行きつ戻りつしたが、二組の新婚の馴れ初めやぼくらの出会いの話が大部分を占めた。

ぼくは、一人だけ結婚していない林さんのことが気になり、話題を彼女の仕事の方に転じていった。「林さんが今まで行った中で一番好きな所はどこですか」

「そうですね。やっぱりイタリアかしら。イタリアは何回来ても、その度に新しい発見があります。それに言葉も通じるので、第二の故郷みたいな感じです」

「今まで行った中で一番印象に残っている所はどこですか」と光子。

「どこもそれぞれ良かったですが、エジプトが一番インパクトが強かったと思います。自分に子供ができたら、他はいいからエジプトだけは行けと言いますね」

「ぼくらは最初エジプト、トルコ、ギリシアを巡るツアーを考えていたんですが、イスラム原理主義のテロ活動でエジプト絡みのツアーは全部中止になっちゃったんです」と言ったのは、森田さんだった。

林さんによると、エジプトは想像を絶するほど暑く、砂漠ではちょっと百メートル往復しただけでも日焼けの跡がくっきり残るという。それに、水質が悪いのと食物が合わないのとで、九十パーセントの人がお腹をこわすそうだ。その上日本のツアーは行程がきついので、ダウンする人が多いという。それは添乗員にも言えることで、派遣されるのはもっぱら体力のある入社数年という若い社員だそうである。

「エジプト旅行は、絶対エジプト単独の方がいいと思います。それに、新婚旅行には向きませんよ」と彼女は言った。

それから、イスタンブールはとても血沸き肉躍る街だという。その他、スペイン・モロッコの旅も良かったし、カナダや北欧はとにかく自然が素晴らしい。でも、東欧、南米、もちろん中国やインドなど行くべき所はまだまだ山のようにあると、彼女の話は尽きない。

ぼくらみんなの頭は全世界を駆け巡っていた。しかし同時に、日本のサラリーマンにとって、仕事で行くのでなければそれはなかなか難しいという現実的な問題も頭をもたげてくる。それが大原さんに伝播したのか、彼はフィレンツェの夜のように、「この旅行も終わってしまいますね」を連発し始めた。

時計を見るともう零時前である。そろそろ席を立つことにした。帰り道、大原さんは盛んにぼやいていた。「なんで日本にはバカンスがないんですかね」。ぼくもそれには全く同感である。いや、ぼくだけでなく、これはおそらく日本中の労働者の気持ちだろう……。そう思いながら、ここだけはまだまだ宵の口のサン・マルコ広場を縦断して行った。

サン・ジョルジョ・マッジョーレ島

ツアー十日目。昨日に続いて気持ちの良い屋外レストランで朝食をとる。こういう朝食もこれが最後である。見学の日程も今日が最終日となる。今日は、夕刻からムラーノ島などラグーナの島々の観光が組まれている。それまでの時間が自由行動だ。見たいものはまだまだたくさんある。多少の土産も買わなければならない。ぼくらは朝食を終えると、着替えもそこそこにヴェネツィアの街へ飛び出した。

まずはサン・マルコ入江の沖合に浮かぶサン・ジョルジョ・マッジョーレ島へ行ってみることにした。ガイドブックを見ると、スキアヴォーニ埠頭から航路がある。サン・マルコ広場を抜け、昨夜行ったホテル・ダニエリをさらに東に歩く。

サン・マルコ入江に沿ったこの辺りは桟橋がたくさんあり、ゴンドラ、観光船、水上バス、タクシーなどが航行している。岸壁には観光客が溢れ返り、屋台なども多数出ている。カフェテラスも盛況で、とにかく活気がある。ここは、駅と広場が一体となったような場所だと言える。それだけに、ゴンドリエーレ達の誘う声も一際高い。

だがそれよりも、ラグーナの島々へ勧誘する人の方がもっと多い。とにかくひっきりなしに声をかけてくる。ぼくらは、スキアヴォーニ埠頭に着くまでに、少なくとも

十五人には声をかけられた。彼らはMURANOと書いたステッカーを持ち、ヴェネツィアングラスの島だということをアピールする。日本人には日本語で、白人系には英語、仏語、独語など一通りの言葉を使って喋りかけている。中には、「ムラノ島」と日本語で書いたステッカーを持った人もいた（ただ島の字の横棒が一本抜けていた）。

サン・ジョルジョ島へは、＊番乗り場からヴァポレット（水上バス）に乗船する。早速切符を買って船上の人となった。わずか数百メートル、目と鼻の先の距離だが、船に乗らなければ行けないのがヴェネツィアである。時間にして高々五分くらいだったと思う。バスを待っている時間の方が長い。

島の停留所では、乗客は殆ど降りなかった。みんなこのまま、隣のジュデッカ島やリド島まで行くのだろう。下船した所は、サン・ジョルジョ・マッジョーレ教会前の広場になっている。

広場では、教会の白大理石の眩しいファサードが威厳と優雅さを湛えて迎えてくれる。対岸の小広場から見るのとは全然違うスケールである。四本のギリシア風の円柱がぐっと上方に伸び、その上にはキリストと天使の像を戴いた三角形の庇《ひさし》が載っている。神殿と教会が混然一体となった雰囲気で、教会の建物が神殿をぐっと上に持ち上げているように見える。「なんだか、二重に建てたみたいね」とは光子の感想だ。

これは、十六世紀の天才建築家パラディオ（古代ギリシアローマの建築様式とルネサンス芸術の融合を試み、古典主義の祖といわれる）の作である。中に入ると、およそ教会らしくない明るさに満ち溢れていた。また、たくさんのアーチが並んでいて、まるで古代ローマの会堂にいるようだった。

そのような中、主祭壇手前のすぐ右側の壁に、特に人目を集めるというわけでもなく、一枚の画が架かっている。ティントレットの傑作「最後の晩餐」である。だが、これが「最後の晩餐」だと知らないと、ただ単にたくさんの農民が一つの農家に集まって食事をしている場面だとしか思えない。そこには、十三人以外にも給仕する人や動物なども描かれているのだ。

だがよく見ると、今まさにキリスト（光輪が描かれているからキリストとわかるが、そうでなければわからないかも知れない）が裏切り者がいることを予告し、人々に緊張と動揺が走る場面である。長テーブルは左下から右上に斜めに置かれており、画面左上の燭火が全体を劇的に照らし出す構図である。さらに、燭火の煙から形作られたたくさんの天使達が天井の中央部に集まり始めている。

ティントレットは、「最後の晩餐」としては非現実とも思われる「日常」と「宗教的世界」を同時に描いている。この狙いはぼくらにはわからないが、見れば見るほど印象に残る画だった。

さて、この教会にも、サン・マルコ広場にあるのと似た鐘楼が建っている。上ってみようとその入口を探していた時のことである。例によって光子が急にトイレに行きたいと言い出した。あの壁の向こう側この柱の裏側というように、いかにもトイレがありそうな所を散々探し回ったのだが、全然見つからない。この島にはバールもない。誰かに聞こうにも、係員もいない。

万事休して、「どこか外ででも」と考えかけた時だ。外に通じる翼廊に並んでいる扉の一つから水の流れるような音がする。もしかしたらトイレかも知れない。だが扉には何も書かれていないし、並んでいる他の扉と共に勝手に開け難い雰囲気がある。

しかし、背に腹は代えられない。思いきって開けてみた。すると、そこは二畳ほどの小さな部屋で、真ん中に一メートル四方の一段低くなった箇所があった。そして、一つの隅に水の溜まった丸い窪みがある。高い天井からは、一本の紐が吊り下がっている。造りからいってトイレに間違いないとは思うが、それにしてはだだっ広いし、外に面している窓からは簡単に覗けそうである。だが、逡巡している暇はない。通る人もいないので、光子は中に入った。

彼女の話によると、用を足した後紐を引っ張ると一段低くなった部分全体に水が流れ、靴が濡れかけて慌ててそこを飛びのいたという。そもそも、だだっ広くて明るい上に、いつ外から覗かれるかも知れない状況だ。彼女曰く、「今までの人生の中で一番落ち着かないトイレだった」。

鐘楼に上るエレベーターはその先にあった。ちょうどエレベーターが下りてきて、数人の観光客が中から出てきた。このエレベーターは有料で、中で操作しているアルバイター（彼にトイレの場所を訊けたらよかったのに）に払う。

鐘楼から見る景色は、いわば攻守交替の眺めである。対岸の小広場から何度となく沖を眺めた風景を、今はその沖から眺め返しているのだ。二本の円柱、右手に続く薄ピンクのドゥカーレ宮殿、左手の国立図書館、奥に聳える鐘楼などがいっぺんに目に飛び込んでくる。ドゥカーレ宮殿の屋根の上には、サン・マルコ寺院の椀を伏せたようなドームとその上の尖塔が覗いている。

右手には、ホテル・ダニエリなどの建物が整然と並んでいる。岸壁の前方には木桟橋が連なり、入江では水上バスやモーターボートが幾つもの白い尾をたなびかせている。それらの合間合間には、ゴンドラがのんびりと浮かんでいる。ここからの眺めは、ヴェネツィアの表玄関を掌中に収めたという感じである。

眼を左に転じると、大運河の開口部が見え、突き出した岬の先には「幸福の玉」が輝く。そして、小広場からは見ることのできなかった、さらなる沖合の景色が展開する。そこには、細長い三日月砂州のようなジュデッカ島がある。

ジュデッカ島（昔ユダヤ人が多く住んでいたからその名があるらしい）とヴェネツィア本島の間は、ジュデッカ運河である。小広場からは海にしか見えなかったが、ここから見ると狭い海峡であることがよくわかる。幅は、大運河の三倍くらいだろうか。ここには船がたくさん航行していて、まるで競艇場のようだった。

さて、南側に眼をやると、教会の南半分が日の字型に繋がった回廊になっているのが見えた。その中庭ではよく手入れされた緑の芝生が日に輝いている。中庭の一つには、低木を用いて模様が描かれている。その形状というのが、庭一杯に広がる大きな円と、その大円と庭の二辺ずつに接する四つの小円である。

日本の庭園ではまずお目にかかれないこの幾何学模様を見下ろしながら、ぼくは西洋と日本の美意識の違いを改めて痛感した。西洋人はこの模様のような、整然さや合理性を好む。それに対して日本人は、人工的ではない自然美に価値を置くのではないだろうか。この違いはどこからくるのだろう。そんなことを考えながら、ぼくらは鐘楼から地上に下りていった。

買物

スキアヴォーニ埠頭に戻った後、前から目を付けていたメルチェリエ通りのアクセサリー店に立ち寄った。今回の旅行では、光子は装飾品の類を何も買っていない。元来光り物の好きな彼女としては、よく我慢したと思う。

そんな中で、その店のウインドウに飾ってある金色のブレスレットは、一度目にした時から気になっていたのだ。それは、エジプトの女王が身に着けていたような分厚くて幅の広いものだった。ぼくらは値札を何度も確認した。もちろん本物の金であるわけはないが、それにしても日本円で二千四百円というのはいかにも安過ぎる。

半信半疑で店に入ってみた。店内はとても小奇麗で陳列の仕方も上品である。さらに、応対に出てきたブロンドの女性（お歳はだいぶ召していた）がとてもエレガントだった。もしかして高級品の店か、という懸念が起こった。

それで、ぼくは思わずブレスレットの方を指さして、「コレクトプライス?」と訊いてしまった。女店主は少し驚いた表情をしたが、にこやかに笑って「イエス、イエス」と答えながらブレスレットを光子の腕に嵌《は》めてくれた。「ベリーナイス」と微笑む彼女の表情がとてもチャーミングだった。それに釣られて、ぼくらは即座に買うことに決めてしまった。彼女はこぼれるような微笑を続けながら、包みましょうかというジェスチャーをした。光子が、いや構わないと手を振ると、「オーケーオーケー、ベリーグッド、ベリーナイス」ともう一度誉めてくれた。

確かにそれは光子にとても似合っていた。着ているのはラフなTシャツだったが、往来に出ると太陽の光にきらきら反射して、細くて白い腕を艶めかしく見せる。

改めて周りの女性達を見回してみると、みんな服装はラフだがアクセサリー類には結構凝っているのがわかる。ただし、それは日本の若い女性達のようにブランド物の高級品を身につけるということではない。素朴だが個性的なイヤリングや指輪、ブローチなどをとても上手に自分にマッチさせているのである。だからこそ個性が輝き、本当のお洒落という感じがする。

この辺りの通りには、雑貨店もたくさんあった。光子は幾つかの店で、ブローチだのペンダントだのをいろいろ買いこんだ。これは自分のためのものではなく、知り合いや友達のためにである。値段はどれも千円前後だ。もちろん上等な代物ではないが、とにかくデザインがユニークで斬新である。しかも全てハンドメイドだ。

元来買物好きの光子は、水を得た魚のようにショッピングを楽しんでいる。殊に、気が置けない人達への買物は心も浮き立つようである。

逆にぼくは、買物を楽しむということはなかなか考えられない。特に土産物に関しては、どうしても義務感ばかりが先に立つ。手頃な値段で良いもの、さらにその土地の記念になるようなものを探そうと構えてしまうのである。

ぼくは自分の友達の土産物も光子に任せ、鞄持ちの書生よろしく後をついていった。コイン入れだのペンホルダーだの、彼女は実に見事に発掘していく。この才能には、ぼくはすっかり舌を巻いた。そういえば、土産物で苦心していた大原夫妻はどうしているだろうか。今頃も、二人であちこち探し回っているのだろうか。

さて、この辺りには、カーニバル（謝肉祭）の時に使うマスケラ（仮面）を売っている店も目白押しである。目の部分だけ小さな穴が開いた能面のようなもの、目隠しだけのもの、あるいはマスクに柄がついていてそれを手で持って顔にあてがうもの、羽根飾りや宝石など装飾の付いたものなど、いろいろな種類がある。

色も真っ黒、パステルカラーのような原色、金や銀のスパンコール風のものなど様々である。仮面の顔はピエロ風、貴族風、ヒーロー風、娼婦風などこれこそ何でもありである。でも、どれもなんとなく退廃的に見えてしまうのはなぜだろう。

だが、本来カーニバルは、カトリック教徒が復活祭前に肉を断つという習慣に対して、その前にみんなでわいわい騒ごうというものである。ということは、カトリックの国ならどこにでもあるわけだ。それがヴェネツィアがことに有名なのは、この国が観光の目玉にと熱心に宣伝したからである。

ヴェネツィアは世界一の海運国の座を明け渡した頃から、文化的なものの振興を熱心に行った。オペラしかり、ヴェネツィアングラスの製造しかりである。そして、カーニバルもその一環なのである。

期間中は、マスケラを被って中世風の衣装に身を包んだ人々が街のあちこちに出没するという。そして、それを見るために観光客がどっと集まる。これは寒い時期の本来ならばオフシーズン（二月）に行われるわけだから、ヴェネツィア商人魂ここにありである。

最後の昼食

リアルト橋を渡った辺りは、古い建物が入り組んで建っている。その中に野菜や果物の市場があって、地元の人が多く詰めかけて賑わっていた。苺やオレンジ、リンゴ、プラム、グレープフルーツなどの原色が鮮やかで、新鮮さが伝わってくる。

客はみんな真剣な表情で品選びをしている。言葉はわからないが値切っている人も多いのだろう、時々激しい言葉が交わされる。だが商談が成立すると、双方にこやかな表情になる。もちろん、少量でも観光客にも売ってくれる。

その少し先には、アーチのあるレンガ造りの魚市場もあった。建物の所々には、大きな魚が天井から吊り下げられ解体されている。陳列台には多くの魚介類が並べられてはいたが、この時間だと隙間も結構目立つ。飲食店経営の人も多く訪れるだろうから、おそらくもうだいぶ売れてしまったのだろう。獲れたての食材が、今日も多くの観光客の胃袋を満たすに違いない。

そういえば、ぼくらもお腹が空いてきた。最後の昼食は、どうせならリアルト橋を見ながらがいいだろうということで橋の方へ戻る。大運河の西岸沿いの通りを歩いてみると、あちこちのウエイターが「イカ墨のスパゲティ、イカ墨のリゾット」と次々と日本語で声をかけてくる。どうやら、日本人イコールイカ墨という方程式が出来上がっているようである。ぼくらの前を歩いているドイツ人夫婦には、ドイツ語で誘っているようだった。彼らにもイカ墨と言っているのだろうか。

ぼくらは、真正面にばっちりリアルト橋が見えるカフェテラスを見つけた。ウエイターがすぐに飛んできて、橋に一番近い席に案内してくれた。ぼくと光子が向かい合わせに腰かけようとすると、彼は「橋が背景になるように並べ」とジェスチャーする。その通りにすると、今度は「カメラを貸せ」と手で合図する。そして、等身大のピエロの人形（その腹の部分は黒板になっていて、そこに今日のお薦めメニューが書かれている）をぼくらの横に並べて、シャッターを切った。

一連の儀式が済むと、今度は橋が見える側にぼくらを並んで座らせ、メニューを渡してくれた。彼がめくったページには、イタリア語の横に日本語が書いてある。他のページを見てみると、日本語の箇所がそれぞれ他の外国語になっていた。

ぼくはいろいろ迷った挙句、結局はイカ墨のスパゲティにした。芸がないとは思ったが、ヴェネツィアに来たからにはという思いの方が勝ったのだ。味は期待を裏切らなかった。イカ墨はすごく甘くてまろやかで、麺のこしこし感も申し分ない。

光子は、手長蝦（スカンピ）のトマトソーススパゲティである。こちらは日本で言うナポリタン風だが、トマト味がかなり甘い。おそらく新鮮だからだろう。何も言わなくても、それぞれ取り皿を付けてくれるのはさすがである。

本当はスパゲティだけにするつもりだったのだが、つい魚介のフリットも頼んでしまった。熱々にレモンをたっぷりかけて食べるのは、もう病みつきになってしまった。白ワインは言うまでもない。

それにしても、こんな優雅な昼食もこれが最後である。思えばローマの街頭カフェテラスで初めて恐る恐る注文したのが一週間ほど前のことである。やっと慣れてきたと思ったら、もう最終日である。帰国したらまたランチ難民の日々が始まる。ヨーロッパの人達のように食事、とりわけ昼食をゆっくりとると、人生がずいぶん楽しいものに変わるだろうなとつくづく思う。ひょっとすると、彼らはぼくらの二倍人生を楽しんでいるかも知れない。

カ・ドーロ付近と水上バス

食事が終わると、もう一度マルコ・ポーロの家に挑戦してみようかという話も出たが、詳しい地図が手に入ったわけではない。またサンティ・ジョヴァンニ・エ・パオロ広場の方へ抜けてしまいかねないので、違う方向に行ってみることにした。

昨日何度か歩いた旧ドイツ商館前の道から、今度は左の方へ行ってみた。すると、ヴェネツィアにしては珍しく広い通りに出た。大型車が二台くらい優に並んで通れそうな道幅である。通行人はすごく多くはないが、かといって少ないわけでもない。

メルチェリエ通りではみんな歩き方がせかせかしていたが、ここでは大手を振ってのんびりと歩いている。カフェテラスでは、椅子に腰かけて眠りこけている人もいた。空間の広さというのは、人間に多分に影響を与えるものらしい。よく「会議は窓のある明るい広い部屋でやれ」と言われるが、なるほど頷けるような気がする。

それはそれとして、この広い通りを目にした時からぼくはずっとなにか違和感のようなものを感じていた。だが、歩いている人の様子が変わっているわけでもないし、カフェテラスもごく普通だ。最初はなかなかその理由がわからなかったのだが、しばらくしてようやく気が付いた。つまりは、車が走っていないのである。

ヴェネツィアで車が走っていないのは当たり前のことである。ぼくらも、もう二日半ほど車を全く見ていない。だが、こんなに広い通りを目撃してしまうと、通行車両や駐車車両の存在しない「道路」というのはいかにも不自然なのだ。それくらい、現代都市と氾濫する車は切っても切れない関係にあるのだろう。

この広い通りは、北西の方向に続いてい

る。今までのヴェネツィアとはちょっと趣が違うので、横道に逸れてみることにした。横道も比較的広い。また、水路も広い。舟が二、三艘並んで航行できそうである。そこを小さなエンジン付きの小型船がしきりに通る。その度ごとに水紋で、あちこちに繋がれているボートが小刻みに揺れる。

しばらく歩くと、周りを完全に水路に囲まれた建物群があった。それらは肩を寄せ合って、まるで池の中に建っているように見える。不思議なことには、橋が一本も架かっていない。だから、そこへ行くにはボートなどの舟を使うしかない。

さらに建物と建物の間は路地ほどの細い水路になっており、水路の迷路ができているようである。辺りに繋がれている一人乗りの小さなボートを勝手に拝借していいのなら、あの中を巡ってみたいものである。

光子は水の多いこの辺りの風景が気に入り、かなり長い間スケッチをしていた。気が付くと、もう一時半を回っている。島巡りの集合は、三時半である。そろそろ戻ることを考えなければならない。なにしろ、ここはヴェネツィアだ。道に迷うことは大いにあり得るのである。

おおよその見当を付けながら広い「道路」まで戻って来た。すると「カ・ドーロ」という矢印付きの標識が目に入った。ここまで来て、カ・ドーロを見ない手もない。そう思って矢印の方向へ曲がってみると、突然大運河へ出た。そして、そこは水上バスの停留所になっていた。

傍らに、大きな建物の側面が見える。その建物がどうやらカ・ドーロのようである。カ・ドーロ（黄金の館）は、大運河に面したファサードに金箔が貼ってあったのでそう呼ばれている。建物は十五世紀前半に建てられたもので、ドゥカーレ宮殿と並んでヴェネツィア・ゴシックの傑作とされている。

ただし、今ぼくらのいる停留所から見えるのは、東側面だけである。ファサードを見るためには、ヴェネツィア入りした時に水上タクシーからちらと見たように、船上の人にならなければならないことに気が付いた。

そこで、そのためだけにヴァポレット（水上バス）に乗ることにした。自分の立っているすぐ横の建物の正面を見るために、一度運河に出てそこから眺める、いかにもヴェネツィア的ではないか。

ぼくらは、停留所で待っていた人達の最後に乗り込み、よく見えるよう万全の体制を整えた。カメラの準備も万事ＯＫである。バスが発車した途端、目のすぐ前にカ・ドーロの華麗な正面が現れた。今はかつての黄金の光はないけれども、バルコニーの造りは確かに美しい。先の尖ったアーチ状の柱が反復し、その上にはドゥカーレ宮殿やホテル・ダニエリにあったのと同じ例の四花弁の窓が付いている。そして、レース編みのように見える手摺《てすり》も非常に優美だ。

カ・ドーロを過ぎると、ぼくらは人を押しのけるようにして左舷に移動した。そちら側には、カ・ペーザロがあるからだ。これは、一七〇〇年頃に完成したバロック様式の建物である。二階、三階のバルコニーにはギリシア風の円柱がずらりと並んで、いかにも豪奢である。一階の柱および壁の石には複雑な刻みが入れられており、これが荘重さを演出している。その上部には、怪物の顔を象《かたど》った装飾も見られた。

ヴァポレットは、あっという間に次の停留所に着いた。ぼくらは慌てて下船し、逆方向行きを待った。この時ふと気が付いたのだが、よく考えてみればそのヴァポレットに乗ったままホテルへ戻ればいいのだ。それまでは、カ・ドーロの停留所で降りてリアルト橋まで戻り、メルチェリエ通りを通ってサン・マルコ広場を抜けて帰るお決まりのルートしか頭に浮かんでいなかった。だがここは水の都なのである。水路は妨げではなく、最も利便性の高い交通路なのだ。今更ながらこのことに気が付いたぼくらは、まるで世紀の大発見でもしたかのような気分だった。

さらに、もう一つ気が付いたことがある。昼食前にぶらぶらしていた魚市場は、カ・ドーロのほぼ対岸だったのである。魚市場の大運河側に立ちさえすれば、カ・ドーロの雄姿は手に取るように見えた筈だったのだ。

ヴァポレットはひっきりなしに運航しており、ほどなく到着した。今度はカ・ドーロを左手に眺めながら再度大運河を楽しんだ。カ・ドーロの次の停留所はリアルト橋である。その後は運河の右岸左岸に交互に停まっていく。ぼくらは最初サン・マルコ停留所かその一つ手前で降りようと思っていた。しかし地図をよく見ると、リアルト橋から二つ目の停留所の方がホテルには近そうなので急遽そこで降りることにした。

ヴェネツィアの街は、大運河によって二つの部分に大きく分かたれている。その大運河は逆S字状に走っているので、分かたれた二つの部分は互いに相手の懐に深く食い込む形になっている。従って、頭の中では離れていると思っていても、意外に近かったりする。地図をよく見て研究しておかないと、時間的な損失が大きい。そして、今の帰りのルートのように、どこへ行くのもどこから帰るのも大運河のヴァポレットは大いに利用すべし、というのが大きな教訓である。

ぼくらが降りた停留所は、確かサン・タンジェロという名前だったと思う。下船した人は、ぼくら以外には七、八人しかいなかった。買物籠や袋を提げた地元の人達ばかりである。彼らは桟橋からの短い一本道を繋がるように歩き、小路が交わり始めるとあちこちに散らばっていった。

ぼくらは方向に気を付けながら、できるだけ広い道を選んでホテルを目指した。陸路よりはだいぶ時間が節約できたので、シャワーも浴びられそうである。

やがて、なんとなく一度来たことがあるような場所に出くわした。それは、昨日のお昼、スズキのグリルを食べたレストランのある広場だった。なんだかとても懐かしい所へ戻って来たような気がした。

ラグーナの島巡り

　ホテルに着いたのは、三時十分程前だった。シャワーを浴び素早く着替える。旅行程表では、ブラーノ島で「さようならディナー」となっていたので、一応上着も着用した。ロビーに降りると、集合時刻の三時半ちょっと前だった。もうみんな揃っていた。みんなと四方山話をしていると、誰からともなく「林さんは？」という声が上がった。そういえば、彼女の姿が見えない。

　その時、小柄なイタリア人女性（学生に見えたが実は二十六歳。眼鏡をかけた日本人っぽい童顔である）が、ぼくらの方へ近づいてきて、「林さんはどなたですか」と日本語で話しかけてきた。訊いてみると、ラグーナ巡りのガイドだと言う。

　みんな、林さんはてっきり手続きか打ち合わせをしているのだろうと思っていたので、これにはちょっと驚いた。西条さんが「ぼくは初めからここにいたけど、林さんの姿は見てないなあ」と言う。時計を見るともう五、六分経過している。こんなことは今までには決してなかったので、光子と嵐山夫人が彼女の部屋に様子を見に行ってみることになった。「そういえば、今日は朝から彼女に一度も会っていない」

「からだの具合でも悪いのかしら」「彼女、細いからね」

みんなで心配していると、当の林さんと迎えに行った二人が急ぎ足で歩いてきた。なんのことはない。彼女が三時四十五分の集合と勘違いしていたのだそうだ。

「申し訳ありません。ついうっかりしていまして」目を瞬かせながら、彼女は深く頭を下げた。

「よかったよかった。なにせ林さんに倒れられるとぼくは心細い限りですからな」と西条さんが場を和ます。先程のガイドさんの紹介を済ませると、すぐに出発である。ところが外に出るとなんと雲が一杯垂れ込め、今にも泣き出しそうな空になっている。ついさっきまではかんかん照りだったのに……。全員、傘を取りに部屋に戻る。

再び通りに出た時には、ぱらぱら降り始めた。それが、サン・マルコ広場の手前くらいのところで、バケツをひっくり返したような雷雨になった。傘は殆ど役に立たない。広場は夕方のように暗くなり、石畳には激しい飛沫が飛び散る。外のカフェテラスや広場にいた人達はみんなポルティコに避難し、辺りは身動きのできないほどの混雑になった。

しかし、そんな中でも楽団は相変わらず演奏を続けている。むしろ一層陽気な曲に切り替えたような気がする。ステージには折り畳み式の天幕が張られ、地面まで届く透明なビニールの雨除けがウエイター達によって取り付けられていく。その動作は的確で素早く、「こんなことには慣れっこさ、ばたばたしなくても大丈夫」とでも言いたげである。

　また驚いたことに、いつの間にかポルティコ内に陣取っている人達がいて、楽団の演奏が一曲終わるごとに盛んな拍手を送っている。雨は雨、これもまた一興という感じだ。外は篠突く雨である。このまま振り続くと、広場が浸水するのではないかというくらいの勢いになっている。ごった返しているポルティコを、それこそ人を掻き分けながら前へ進む。林さんが「はぐれないようについて来てください」と叫ぶ。

　連結されているポルティコで小広場の方に曲がると、サン・マルコ入江が見えてきた。例の二本の円柱も雨に煙っている。なんだか入江の水位が高くなったような気がする。桟橋に繋がれた船も上下に揺れている。それでも童顔のガイドさんは、「大丈夫です。こんな雨はすぐに上がります」と落ち着いている。

　その言葉を信じて、しばらく雨が小止みになるのを待った。同じように雨宿りをしている人の中には、広場のカフェテラスの椅子を引きこんで豪雨の様子を肴にワインを飲んでいる人もいた。

　果たして、しばらくすると雨は嘘のようにぴたりと止んだ。何もかも水浸しだし、空もどんよりとした雲に覆われているが雨はもはや一滴も落ちてこない。

　われわれ総勢十二名は、サン・マルコ桟橋から大型の水上タクシーに乗り込んだ。

波は思ったほど高くなく、揺れは殆ど感じられなかった。タクシーはスキアヴォーニ埠頭付近で南北に貫通している運河を通って、ヴェネツィア本島の北側へ出た。

ほどなく、墓地の島サン・ミケーレ島が見えてきた。ヴェネツィアの人々は亡くなると、みんなこの島に葬られるという。島の周囲は壁で囲まれているため墓地は見えなかったが、本島には殆ど見られない緑の木々が雨に打たれて息づいていた。

島の北側には、教会の鐘楼が聳えている。教会の正面玄関と、その横にちょこんと建っているイスラム風ドームのあるエミリアーニ礼拝堂の白大理石が、雨に洗われて白さを増していた。

ムラーノ島

ムラーノ島はサン・ミケーレ島のすぐ北、ヴェネツィア本島から約一キロ半の所にある。タクシーはだいぶ迂回したが、それでも十五分くらいで到着したと思う。

この島は五つの小さな島から成り、ヴェネツィアと同じように中央部を大きな運河が貫通している。運河の両サイドの建物はとても古いものもあるが、壁がオレンジ色やローズ色に彩色された新しいものも結構建っている。ガイドさんの話によると、ここにはルネサンス様式の古い建物が並んでいたのだが、最近傷みが激しく次々と新しい建物に建て替えられているのだそうだ。

　さて、ムラーノ島といえば、もちろん色と形の魔術といわれるヴェネツィアングラスのメッカである。ガラスの歴史は古く、古代エジプトにまで遡る。その後、古代フェニキア、古代ローマで盛んに製造されたそうだ（古代ギリシア人はあまり興味を示さなかったらしい）。

　しかし、ゲルマン人大移動以降ヨーロッパは文化的には後進地域となり、他の文化遺産と同様ガラス工芸やその技術はビザンチンやイスラム諸国で温存されることになる。それを東方貿易で国力をつけ始めたヴェネツィアが、十二世紀頃からいわば逆輸入したわけだ。そして、ヴェネツィア独特の美的センスや製法が生まれたのである。

　童顔のガイドさんの説明は、理知的でとてもわかりやすい。目を瞑《つむ》っていると、日本人が喋っているのかというくらい日本語も流暢だ。

　さて、十三世紀になると、ヴェネツィア本島にはたくさんのガラス工場ができた。しかし、当時は木造の建物が多く、火災を恐れた政府は一二九一年に工場を全てムラーノ島へ移した。だが、その真の目的は、ガラスに関する技術を独占するために職人をこの島へ幽閉することにあったようである。

　十四世紀中頃にはヴェネツィアのガラス製品はヨーロッパ中に流通し、政府の狙い通り巨万の富が流れ込んだ。東方貿易といいガラス工芸といい、それを独占する手法によってヴェネツィアは独り勝ちをしたわけだ。

だが、十六世紀になると、秘密にしていた工法もヨーロッパ中に広まる。特にボヘミアでカットグラスの製法が開発され、一人で旨味を独占することはできなくなったようだ。だがいずれにしろ、ムラーノ島は中世以来ガラス工芸で栄え、今でもたくさんの工場や工房が立ち並んでいる。全世界からガラス工芸家も訪れる。

タクシーは運河の中へ入り込み、古い大きな石造りの建物の横で停まった。ここがガラス工芸博物館である。この建物は、昔は司教の居館であったらしい。運河沿いに造られた石畳の通路は、びっしょりと濡れていた。この島にも、さっきの雷雨があったようである。

博物館には、たくさんのガラス細工が展示されていた。一階には、古代エジプトの香料入れの壺やローマの水瓶などが置かれている。二階はヴェネツィアングラスの展示で、十五世紀から一世紀ごとに時代を区切って作品が並べられている。最初は単純な形で白一色だったものが、次第に装飾的になり色も様々なものに変わっていく。厚みもどんどん薄くなり、それに伴って透明度もぐんと増していく。

中には、皿やグラスの細い脚に乳白色の糸のようなガラスをレースのように溶かし込んだものや、宝石を埋め込んだものもあった。これらはもちろん日用品ではなく、貴族が愛で楽しむ美術品だったのだろう。

館内では、西条、嵐山両夫人が赤色についてしきりに品評していた。その横で森田さんは相変わらず青色に溜息をついている（特にバロヴィエール作「婚礼の杯」の濃紺に深く見入っていた）。光子はデザインの斬新さに興味津々である。そんな中で、大原さんは珍しく冗談も言わず一人黙々と歩いていた。

博物館を出た頃には空にはまだ雲がかかっていたが、ずいぶん明るくなっていた。ぼくらは再びタクシーに乗り込み、運河を通って島の北へ抜けた。

トルチェッロ島

雨上がりで水面は少し濁っていたが、ラグーナはもう殆ど波を立てていなかった。風も微風である。あちらこちらに小さな島影が見え、水上タクシーは大きな湖を航行しているようだった。

点在している島の中には、人の住んでいるものもある。それらは、二メートルくらいの高さのレンガ塀で周りを囲まれているため、中の様子は窺《うかが》えない。だが青々とした樹木に混じって、家々の赤い屋根が随所に頭を覗《のぞ》かせていた。

しかし、中には地盤沈下のために近年放棄された島もある。折しも、タクシーはそういう島の横を通過した。わりと大きな島で、教会や修道院など背の高い建物が見える。教会があるくらいだから、かつてはたくさんの人が住んでいた筈だ。だが、今はレンガ塀が海に浸《つ》かり、その辺りに葦が生い茂っている。

「あの島はどうなるのですか」と嵐山さんがガイドさんに尋ねた。

「中はもう沼地になっています。もう、誰ひとり近寄る人もいません。そのうちに、全部水の中に沈んでしまうでしょう」ガイドさんは悲しそうに答えた。

ぼくらの次の目的地トルチェッロ島は、ムラーノ島から二十分くらいで見えてきた。ヴェネツィア本島からは、十キロくらい北東に離れている。この島は位置的にずいぶん北に偏った辺境地のようなイメージがするが、実はイタリア本土からは最も近い。蛮族侵入の際には、避難民達はまずはここに逃れたのだった。

従って、ラグーナの島々の中では一番歴史が古く、かつて（五世紀〜十世紀）はここが最も栄え人口も二万人を超えていたという。七世紀には司教座も設けられている。それが、マラリアが蔓延したこともあったとかで、九世紀に今のヴェネツィア本島に中心が移った頃から次第に衰退していくようになった。現在では、人口わずか二百人足らずという超過疎の村になっている。

タクシーは島内の運河に入った。運河は船の幅よりやや広い程度で、白い波の泡が一面に湧きたつ。運河の両側は葦で覆われ、樹木も茂り放題である。「未開地の川を遡《さかのぼ》っているようですな」西条さんが思わず呟いた。

ここから見る島には、かつての栄華の面影は全くない。第一、建物が一つも見当たらない。ガイドさんによると、この島の石材は十四、五世紀頃にヴェネツィア本島に運ばれ、島は丸裸にされたそうである。

そんな中をタクシーは、実にゆっくりと、十分くらいかけて走っただろうか。ようやく建造物が一つ見えてきた。古い石造りの橋である。タクシーはその手前の船着き場で停まった。

この頃には空は晴れ渡り、陽が照り始めていた。ぼくらはそこから、ぶらぶらと歩いた。ほどなく、草の生い茂った広場が現れた。これは島の中央広場で、かつてはここがラグーナで最も重要な場所だったのだ。

広場には、奇跡のように残された赤茶けたぼろぼろのレンガ壁の教会があった。ラグーナで最も古いモニュメント「サンタ・マリア・アッスンタ（聖母昇天）教会」である。ラヴェンナのサン・ヴィターレ教会やガッラ・プラチディア廟を思わせる古さで、壁の上の方はレンガの色さえも剥《は》がれ落ちている。七世紀創建というから、サン・マルコ寺院より二百年も前に建てられたことになる。今の建物は十一世紀に再建されたものだそうだ。

教会入口の衝立の後ろに、一人の老人が座っていた。彼は、ぼくらがこの島で会った初めての人である。のみならず、唯一の人でもあった。彼の顔には深い皺が幾重にも刻み込まれ、まるで教会の化身のように見えた。ガイドさんが、彼に二言三言話しかけた。老人は耳が遠いのか、彼女は大きな声で何度も同じことを繰り返している。

何某かの入場料を払って、みんなで中へ入る。中は薄暗く、静寂が支配していた。天井は高く、六階建てのビルくらいである。ファサード裏の壁面には、モザイク画による「最後の審判」が六段に渡って展開されていた。天井すぐ下のキリストの磔刑から始まって、一番下の天国と地獄の場面へと話は流れる。

印象に残っているのは、中央（上から三段目）で審判を下しているキリストの足元から五段目、六段目の右方向に流れ落ちる火炎の川である。これは地獄の象徴で、画そのものは稚拙な感じだが話はよくわかる。光子の方は、魚や野獣の口から死者が吐き出されて復活する場面（上から四段目）を熱心に見ていた。その他、アダムとイヴが救いを請う場面なども事細かに描かれている。

天井近くには明かり採りの小さな窓があり、そこからは陽が射し込みまるで天国に続く門のように見えた。

後陣には、幼子を手に抱いた聖母マリアの巨大なモザイクがある。その眼差しはとても静かで、慈しみが伝わってくる。その背景は、夥《おびただ》しい数の金色のモザイクである。聖母の下には、十二使徒がずらりと並んでいる。これらはいずれも、十一世紀から十三世紀にかけてのものだという。この時期この島は衰退の一途だったろうに、よくぞこれだけのものを造ったものである。

床はサン・マルコ寺院と同様、色大理石によるモザイク模様である。だが、地盤沈下であちこちがガタガタしている。壁にもかなりヒビが入っている。修復が必要だろうが、やはり本島の方が優先されるのだろうか。

教会の外に出ると、眩しいほどに陽が溢れていた。庇《ひさし》の下に日溜まりができていて、そこに猫が気持ち良さそうに丸まっていた。よく見ると、柱の陰にも猫がいる。さらに三本先の柱にも、別の猫がいた。犬も猫も大好きという森田夫人が毛を撫でてやると、物憂げにニャーと泣いた。その向こうでは、天まで届きそうな糸杉の緑が眩しい。なんとも長閑《のどか》な午後のひとときである（とはいっても実はもう六時前である。陽が高いので三時くらいにしか感じられないが……）。

この教会の並びには、同じくらい古そうな別の教会が回廊で繋がっていた。殉教者を祀るために建てられたというサンタ・フォスカ教会（九世紀創建、十一世紀再建）である。八角形の柱廊が周りを囲み、二重になった円柱の屋根が乗っているというユニークな建物である。だが、こちらの方は閉鎖されていた。

教会前の広場を被う草々には、雨の名残の水滴がまだきらきら光っていた。その中に、上部に窪みのあるソファのような形状をした白い石の塊がなにか場違いのように置かれていた。フン族の王アッティラが、この島に攻めて来た時に座ったという「アッティラの椅子」である。アッティラといえば五世紀の人だから、それにしては石が綺麗過ぎるのではないか。それより、その横手にある十字を彫り込んだ古い石造りの立方体風のモニュメントの方が、もっとそれらしいと思うのだが。

フン族というのは匈奴の末裔の一派だと言われている。匈奴は漢と抗争を繰り返し、何度も分裂した。後漢の大攻勢の時（一世紀）、一部が西へ西へと流れ、途中遊牧民族も併せながら、四世紀頃フン族として南ロシアに現れる。その後ヨーロッパに侵入し、ゲルマン民族の大移動を引き起こしたのである。

そして、このフン族やロンゴルド族（ゲルマン人の一派）の侵攻がヴェネツィア発祥の起源になったわけだから、地の果てほど遠く離れた中国の後漢王朝がヴェネツィアの街を造ったと言えないこともない。

アッティラの椅子には誰でも座れるので、蛮族の王になった気分で順番に一人ずつ腰かけてみる。さすがは年の功、西条さんが一番威厳があった。そんな中で、いつも軽口を叩く大原さんの動きがなんとなくぎこちない。なんだか儀礼的である。

そういえば、今日彼はずっと元気がなかったように思う。ガラス博物館でも黙々と歩いていたし、タクシーの中でも口数が少なかった気がする。ぼくは少し気になって声をかけてみた。

「大原さん、なんだか元気ないじゃないですか。旅が終わってしまうからですか」

「いやー中津さん、わかりますか。それもあるのですが、実は今朝喧嘩をやらかしてしまって、それから全然口を聞いてくれないんです」

詳しく訊いてみると、土産のことでもめたらしい。

「自分の親戚や従業員の土産ばかり考えていると彼女は言うんですよ。そんなことないのになあ。まあ、従業員の分は、頭が痛いのは確かですが」

思えばスケールは違うが、ぼくも新婚旅行の時に同じようなことで喧嘩した。誰に何を買うか、値段はどのくらいにするか、というようなことである。その話をして、「みんな一度はそれで喧嘩するんですよ」と慰めた。「そんなもんですか」と、彼は少し気が楽になったようだったが、

「それにしても土産物にお金を一杯使っちゃいましたよ」とまだ浮かない顔だった。ぼくらの話を聞いていた光子が、「私から奥さんに話してみましょうか」と言うと、彼はぺこりと頭を下げた。「ぜひともお願いします」

そういえば、アッティラの椅子の所で記念写真を撮ったのだが、今それを見てみると、みんな夫婦同士で並んでいるのに大原夫妻だけは離れて立っている。彼らはこれを見る度に、この時は喧嘩していたなと思い出すことだろう。

この島の繁栄時を偲ばせる唯一の広場から少し歩くと、ピンクや赤を初め、色とり

どりの薔薇の花が見えてきた。その横には、紫の藤が咲き乱れている。他にも名前はわからないが、白や黄色の小さな花が満開で芳しい香りが漂ってくる。

そこは低いレンガ塀で囲まれた美しい花畑で、向こう側には木立を通して白いテーブルと椅子が置かれているのが見えた。その背後には、木立に見え隠れする二階建ての建物（実は老舗の有名ホテルで、現在は再開されている）が建っている。「素敵な所ね。行ってみましょうよ」という嵐山夫人の一声で、ぼくらは建物の入口の方へ回ってみた。レストランという看板が出ていたが、残念ながら扉は閉鎖されており、そこには三匹の猫がいただけである。この島では、どうやら人間よりも猫の数の方が多いらしい。

ブラーノ島

ぼくらは再び水上タクシーに乗り込み、「未開地の川」を下って最後の目的地ブラーノ島へ向かった。船の中では光子が大原さんの奥さんと並んで座り、何事か熱心に語りかけていた。途中から嵐山夫人も加わった。奥さんは頷きながら、時々夫の方をちらりと見る。夫の方も光子達が喋っているのが気になるらしく、外の風景を殆ど見ていなかった。

ブラーノ島は、漁業とヴェネツィアン・レースの島である。トルチェッロ島とは目と鼻の先の距離（約一キロ）だ。島はあっという間に見えてきた。斜めに傾いた鐘楼がまず目に入る。これも地盤沈下のためらしい。

タクシーが島に近づくに連れ、カラフルに彩色された家々が見えてきた。ピンク、黄、赤、茶、モスグリーン、薄紫、アイボリーなど様々な色に塗り分けられ、まるで大きな玩具箱が並んでいるかのようである。これは、島にこれといった美しいものがないことと、漁民達の娯楽を兼ねてのことだそうである。それぞれ一年に一回、全く別の色に塗り替えるのだそうだ。

小さな漁船が列をなして繋がれている船着き場で、ぼくらはタクシーを降りた。そこから、島で一番広いガッルッピ広場へ向かう。

この時少しはにかんだ大原夫人を伴って、光子が夫の方へ歩いて行った。三人は何事か話をし、大原さんがしきりに頭を下げている。やがて夫婦は二人で歩きだした。後ろから嵐山夫人が「無駄遣いしないのよ」と声をかけた。光子と嵐山夫人にどんな話をしたのか訊いても、二人は「女だけの秘密」と笑って教えてくれなかった。

広場は、船着き場からすぐの所だった。思ったほか広く、雨に洗われた白い石畳が輝いていた。この広場の周りにも、塗り分けられた家がぎっしり並んでいる。傍らには大きな教会があり、そこに海上から見えた傾いた鐘楼が聳えていた。

広場を抜けると、島で一番の繁華街がある。通りの両側にはレストランや土産物屋がずらりと並んでいる。そして、店先にはどこもかしこもレース編みが所狭しと並べられている。椅子を持ち出してレース編みに励んでいるおばさん達の姿もあちこちに見られた。このレース編みの技術は、漁業用の網を縫うことに由来しているという。

この島に人々が定住し始めたのは十一世紀の初めらしいが、何時の頃からか女達は男が漁に出掛けた後レース編みに精を出すようになった。それと共に、それまで単なる漁村に過ぎなかったこの島が発展を始めた。十六世紀になると、上流階級の人々の装飾品として全ヨーロッパに名を馳せるようになり、これまたヴェネツィアに莫大な利益をもたらしたのである。

レース博物館の一階では、レース編みの実演が行われていた。老眼鏡をかけたおばさん達が、手の甲に血管を浮かせながら一生懸命針を動かしている。それを眺めている西条、嵐山両夫人からしきりと感嘆の声が上がった。

二階には、古いものでは十四、五世紀のレース刺繍が展示されていた。一同が思わず息を飲んだのは、オールレース編みのウエディングドレスだった。一つ一つの編み目を見ていると、まるで小宇宙が広がっているようである。これだけ編むのにどれだけの時間がかかったのかと思うと、気が遠くなりそうだった。

ぼくはこれらの展示品を見ていて、サン・ジョルジョ・マッジョーレ島の鐘楼から見下ろした幾何学模様の中庭のことを思い出した。そして、秩序ある整然としたものに惹かれるヨーロッパ人達のことを再び考えた。

レース編みは、詰まるところは幾何学模様の構築である。レース編みにしろ、庭園にしろ、モザイク模様にしろ、ヨーロッパでは至る所に、幾何学模様が顔を出す。ひょっとすると、それは西洋の世界創造の根本理念を象徴しているのかも知れない。つまり、「無あるいは混沌から秩序へ」という世界観である。

それに対して東洋では、人工的な美しさよりも自然美を重視してきたように思う。そして突き詰めて言えば、それに同化する生き方（天に従う）が説かれてきたのではないだろうか。これらは、マックス・ウェーバーの言う「世界の支配」と「世界への埋没」という、洋の西と東のそれぞれの合理化概念と繫がっているのかも知れない。レース博物館を出ると、七時十分まで自由行動になった。ぼくと光子は、何軒かの店に入ってレース編みを見てみた。敷物、ハンカチ、エプロン、テーブルクロスなど様々な製品がある。

ところが、同じ敷物でも値段にずいぶん格差がある。おかしいなと思ってよく見ると、安い物はみんなmade in Chinaとなっていた。ヴェネツィアン・レースは、小さい物でも五千円くらいはする。それが中国製だと、五百円くらいからあるのだ。中国製のものと比べると、ヴェネツィアン・レースがいかに上質なものかがよくわかる。一つ一つの目が圧倒的に細かい。また、透かしも複雑で、それは殆どレリーフ（浮き彫り）のような美術品に近いものなのである。

この頃までには、大原夫妻の喧嘩は修復されていたようである。途中で彼らに会った時、二人は深々と頭を下げた。特にご主人は、最敬礼の姿勢だった。

さよならディナー

集合時間が来て、「さよならディナー」会場のレストランへ向かう。顔の殆どが髭で被われた大柄の店長が、陽気に迎えてくれた。最初は三つのテーブルに分かれるようになっていたのだが、ぼくらの強い要望で一つのテーブルを囲むことになった。ただし十人が限度なので、林さん、ガイドさん、運転手は別テーブルである。

今日はそれこそ「さよならディナー」となっているから、何か特別な趣向でもあるのかと思っていたがそんな様子は特にはない。いつもと変わりない進行である。飲み物も例によってまずは白ワインが二本ほど注文され、何人かの席にはビールも運ばれてきている。そして、イカ、タコ、数種類のエビ、白身魚、そしてぼくがずっと食べたかったシャコといったこの上ないヴェネツィアの魚介類の盛り合わせ前菜がテーブルに並んでいる。

ところが、である。みんな、なんだか変なのだ……。会話があまり弾まないのである。いつもなら、誰からともなくいろいろな話題が持ち上がり、それが次々と変わっていき、賑やかな笑い声が後を絶たない。酒池肉林とはこのことかというような宴を連日連夜繰り広げていたのに、今晩に限ってみんな言葉が湿りがちなのである。

誰も何も喋らないわけではない。ただ、喋っても夫婦同士、あるいは隣同士でぼそぼそと話すだけで会話が広がらないのである。まるで、ツアー最初のぎこちない頃に逆戻りしてしまったようである。

ぼくは、大原夫妻の喧嘩の話を肴に提供しようと考えた。だが、彼らの方を見てみると、二人で何事か熱心に話している。口を利かなかった今日一日分を取り戻したいのかも知れない。ここは、新婚さんを優しく見守ってあげるべきだろう。

次に、あの酒豪の森田さんが今晩はグラスを傾ける様子が一向になく、ミネラルウォーターばかりをしきりに飲んでいるのに気が付いた。ぼくはこれを突破口にするべく、話しかけてみた。

「どうしたんですか森田さん。今日は水ばかり飲んでるじゃないですか。森田さんの前に酒瓶がないと絵になりませんよ」。すると彼は「今日はアルコールは飲みません」と妙に素っ気ない。その後何か言おうとしたのだが、うまく言葉がでてこなかったとみえてそのまま黙ってしまった。横から奥さんがすぐ、

「今晩は荷物の整理をしてもらわなきゃならないんで、飲まないようにって頼んであるんです」とフォローした。

ぼくはこのあたりで大原さんの突っ込みがあるだろうと思っていたし、またそれを大いに期待もしていた。だが、彼は「ぼくも今日はビールだけにしておきます」と言っただけで、夫婦の会話に戻ってしまった。

普段ならこういうちょっとしたことをきっかけに話がどんどん広がり、会話の花が咲き乱れていくのだが、今日はそのまましゅんとすぼんでしまう。みんな一体どうしてしまったのだろう。

それは多分、「これで旅行が終わってしまう」という虚脱感みたいなものがみんな

の心を支配していたからではなかったかと思う。楽しい旅の思い出と旅行後の仕事や家庭など現実への思いとが交錯して、一種の放心状態を作り出していたのではないだろうか。このあたりがバカンスに慣れていない日本人の日本人たる所以なのだろう。

それからもちろん、この十日間、いわば同じ釜の飯を食ってきたメンバー達との離れがたい惜別の念が渦巻いていたことも間違いない。何か言葉にすると、一気に寂しさが込み上げてきそうなのである。

それでも嵐山夫妻を初め、みんなこの気まずさみたいなものを打開しようと思っていたに違いない。言葉を探す努力をしていたのも窺える。しかし気の利いたことを言おうとし過ぎるのか、後が続かずに口籠ってしまうか夫婦同士で引き取ってしまうかの状態になっている。料理を運んでくれる髭の店長の声だけが陽気にはしゃいでいる。

この空気を一気に打ち破ったのは、やはり西条さんだった。彼は料理が運ばれてきた合間を見計らって、おもむろに話し始めた。

「みなさん、ぼくはこれが最後の晩餐だと思うと、さっきから寂しくて仕方ないんですが、みなさんはどうですかな。それまでは、日本にやっと帰れると内心ほっとしていたんですが、なんかさっきからどうも無性に寂しいんですわ」

みんな心に秘めていても、大の大人が「寂しい」を連発するのは結構勇気の要ることである。フィレンツェ以来の大原さんのペシミスティックな発言は、酒の力を借りていたところがある。それを今、西条さんは奇を衒《てら》うことも照れも惑いもなく、「寂しい」と一言で素直に発露したのだった。傍で、奥さんもしきりに頷いている。

嵐山夫人が、間髪入れず言葉を継いだ。

「私もみなさんともうお別れなのかと思うと、切なくて……。何か喋ろうと思っても涙が出そうで、今晩は話ができないのよ」と目を潤ませている。森田さんまでが、「さっき中津さんに水ばかり飲んでるねって言われましたが、ぼくも今日はなにか悪酔いしそうで」と伏し目がちに言った。

「みんなに、ぼくの帰りたくない気持が伝わっちゃったのかな。すみません」と、大原さんが謝る。ここでタイミング良く嵐山さんがリーダーシップを発揮してくれた。

「みなさん、なにかしんみりしてしまいましたね。最後まで楽しくいきましょう。さあ、大原さんも森田さんも一杯だけはワインを飲んで……。林さんもガイドさんも、改めて乾杯しましょう」

終始にこやかだった髭の店長に恭《うやうや》しく送られてレストランを出ると、外はようやく薄暗くなりかけていた。ぼくらはまだ少しだけぎこちなさを引きずりながら、船着き場の水上タクシーへ戻った。

その頃にはラグーナは完全に凪《な》いでおり、海面は鏡のように穏やかだった。そこに、丸木を二本組み合わせて海中に打ち込んだ杭の列が二筋見える。船はこの杭列の間を通っていく。この下は、海底を掘り下げて深くしてあるのだそうだ。

西の空と海面を焦がしながら、真っ赤な夕陽がゆっくりと沈み始めた。雷雨の後なので空気が澄み、夕陽の色は一層鮮やかである。まるでインクを流したような色である。男性陣は順番にデッキに出て、その光景をカメラに収めた。

夕陽は最後の力を振り絞るようにその大きさを増し、形を次第にぼやけさせていく。赤い帯が反射し、ラグーナに浮かぶ島々の樹木は炎に包まれているようだ。やがて、夕陽はすっかり姿を消してしまった。

思えば、ローマに着いた時、レオナルド・ダ・ヴィンチ空港からホテルへ向かうバスの車窓からも、大きな夕陽が見えた。時計が九時を指すのを見ながら、イタリアの夜は遅いんだなと胸をわくわくさせたのが、つい昨日のことのようである。

空は、オレンジ、ローズピンク、紫などの入り混じった複雑な色を刻々と変え、次第に濃い地中海ブルーに身をすり寄せていく。ラグーナの穏やかな波も、それに合わせて夜の色に衣を脱ぎ替える。杭列の上では、赤いランプが小さく点滅を始めた。

休日の昼食

休日の午《ひる》が近づくとぼくらは、大きなスチール製の鍋に満杯の水と大匙三杯の塩を入れて沸騰させる。昼食のパスタを茹《ゆ》でるためである。塩加減と茹で加減は、ぼくの分担である。隣では光子がソースを作り始める。ぼくのお好みはペペロンティーノ、彼女のそれはトマト風味である。

その間に、ベランダに置いてある小さなテーブルの卓布を、白い爽やかなものに掛け替える。これもぼくの担当だ。本当はどこか気持ちの良いカフェテラスで昼食を楽しみたいのだが、残念ながら日本では簡単には見つけられない。せめてマンションのベランダで、屋外気分を味わうのである。

湯が沸騰し始めた。タイマーを七分四十秒に合わせてスパゲティを茹でる。ベランダには、フォークや箸置きや小皿と共に、きりっと冷えた白ワインとグラスを運ぶ。日本では長期休暇は依然として奇跡の領域だが、ぼくらのイタリア旅行はこのようにしてずっと続いている。